KB262878

罪業으로부터의 自由

道味德風

翔山 金奎基

강의를 시작하며

하느님이 있어서 나의 운명을 좌우하는가? 아니면 조상 탓인가? 우리는 내 운명의 주인공이 누구인지 모릅니다. 때문에 운명의 주인공을 모르고 사는 지금의 행복은 믿을 수가 없습니다. 마치 면허증 없이 운전하는 것이요, 보험에 들지 않고 운전을 하는 것과 같습니다.

그 운명의 여신이 누구인가 알기 위하여 참회수도해야 합니다. 참회수도를 확실하게 잘하면 나의 운명을 좌지우지하는 운명의 조물주를 알게 되고, 그 조물주를 내가 조정할 수만 있다면 우리는 영원히 행복을 보장받을 수 있습니다.

우리는 수많은 과거를 살아왔습니다. 강물은 한없이 흐르면서 그 밑바닥에 무엇인가를 조금씩 침전시킵니다. 우리의 과거도 흘러가 버리지만 남아서 쌓여가는 것이 있습니다.

우리는 수많은 전생을 살아오면서 마음 밑바닥에 업력을 축적해 갑니다. 그리고 다른 사람의 마음속에도 나에 대한 무엇인가를 축적해 가고 진리세계에도 업력을 축적해 갑니다. 착한 습관을 길들여 축적한 사람도 있고 악한 습관을 길들여 축적한 사람도 있으며 다른 사람에게 행복의 열매들을 축적한 사람도 있고 죄악의 열매를 축적한 사람도 있을 것입니다.

과거의 습관으로서 길들여온 것이 나의 재능과 성격이 되어서 사람마다 재능이 각각이며 성격 또한 제각각입니다. 솜씨가 좋은 사람, 솜씨가 없는 사람, 글재주나 말재주가 있는 사람, 없는 사람이 있습니다. 그리고 성격이 급한 사람, 느린 사람, 내성적인 사람, 적극적인 사람 등이 있습니다. 이런 재능과 성격을 우리는 흔히 타고 났다고 말하는데 실은 모두가 스스로 반복하여 길들인 습관으로 형성된 것입니다.

과거 생에 좋은 일을 많이 해서 여러 사람에게 행복을 심어왔다면 지금 생에는 우연자연 좋은 인연 환경을 만나고 여러 사람에게 도움을 받게 됩니다. 그러나 전생에 다른 사람에게 해로움을 많이 끼쳤다면 금생은 어려운 환경 고달픈 여건 속에서 힘들게 살게 될 것입니다.

여러분의 인생은 어떻습니까?

재능이 없어 힘들 수도 있고 성격이 문제가 많을 수도 있으며, 가

족 등 인연관계가 좋지 못하여 괴로운 사람도 있고, 여건이 좋지 못
하여 남모르는 고통을 받는 사람도 있을 것입니다. 너무 괴롭고 고
달파서 때로는 스스로를 던져버리고 싶지만 그마저도 쉽지 않습니
다. 지금은 성격 때문에 고통받고 무능 때문에 괄시받고 운수가 나
빠서 괴로움을 받지만, 과연 미래에는 희망이 있는가?

　과거 젊은 시절에 자주 불렀던 노래가사가 생각납니다.
　"물레나 바퀴는 실실이 시르렁 실실이 시르렁 흥거이 돌아도 사람
의 한 생은 시름에 돈다오"
　인생은 한 고통이 지나면 기다렸다는 듯이 새로운 괴로움이 찾아
오곤 합니다.
　괴로운 인생, 고통받는 삶, 희망이 없는 미래는 모두 스스로가 과
거에 쌓아놓은 업력 때문입니다. 마치 높은 곳에서 구르는 돌이 그
방향과 세력에 의하여 굴러가듯이 우리네 인생도 과거에 쌓아놓은
업력의 힘에 의하여 현재가 있고 또다시 미래가 전개됩니다.

　우리는 이처럼 고통스럽고 희망이 없는 인생을 과감하게
전환해야 합니다. 과감하게 전환하기 위해서 우리는 바로
참회수도를 해야 합니다.

　과거의 습관으로 더렵혀진 마음의 때를 씻어낼 뿐만 아
니라 과거에 지어놓은 죄업의 대가를 최대한으로 줄여 받
으며, 행복한 미래를 개척하기 위해서는 참회하는 방법밖

지금은 잘사는 사람이 있습니다. 성격이 원만하여 주변으로부터 환영받고 재능도 있어서 할 일도 많고 주변 여건도 좋습니다. 그러나 그런 사람도 뜻하지 않게 갑자기 망하는 수가 있고, 아무리 열심히 잘하여도 더 이상 진전이 없는 수도 있으며, 스스로가 아닌 다른 어떤 원인에 의해 생활이 송두리째 흔들리는 경우도 있습니다.

하느님이 있어서 나의 운명을 좌우하는가, 아니면 조상 탓인가! 우리는 나의 운명의 주인공이 누구인가를 모릅니다. 그 운명의 주인공을 모르고 사는 지금의 행복은 믿을 수가 없는 것입니다. 마치 면허증 없이 운전하는 것이요, 보험에 들지 않고 운전하는 것과도 같습니다.

그 운명의 여신이 누구인가를 알기 위해서는 참회수도해야 합니다. 참회수도를 확실하게 잘하면 나의 운명을 좌지우지하는 운명의 조물주를 알게 되고, 그 조물주를 내가 조정할 수만 있다면 우리는 영원히 행복을 보장받을 수 있습니다.

요즈음 우리나라는 경제의 거품을 제거하는 구조조정을 하고 있습니다. 실제적인 부자도 아니면서 문서상으로만 높기 때문에 그 거품을 제거하느라 고통이 많습니다. 수도하는 사람 중에도 실지로 마음공부의 실력은 별스럽지 못하면서 허풍만 늘고 남의 시선을 끌기 위한 방향으로 노력하여서 마음의 실력보다 거품 명예만 높은 사이

비 공부인이 있습니다.

거품을 제거하지 못한 수도인은 결국 말년에 처량할 수밖에 없고 내생도 보잘것없이 허망할 것입니다.

우리는 실질적인 공부는 없이 대접만 받는 것은 아닌가, 현재의 실력보다 더 많은 대접을 받는 것은 아닌가, 냉정하게 반성하여 만약 거품이 있다면 반드시 제거하는 참회수도를 해야 합니다. 참회수도를 진솔하게 하면 그 거품을 빼낼 수가 있는 것입니다.

모든 수도인의 첫걸음은 참회수도부터 시작해야 실다운 공부가 될 것입니다. 불문(佛門)에 몸을 담고 마음 공부하는 우리 불제자들은 대종사님께서 밝혀놓으신 참회문을 간절하게 공부하여 영원히 죄악에서 벗어나고 행복한 영생, 불보살의 영생이 되도록 하여야 하겠습니다.

우리는 의식(儀式)을 진행할 때 참회문을 봉독합니다. 때로는 혼자서 아침저녁으로 봉독합니다. 그러나 자칫 입으로만 외우고 마음으로는 딴 생각을 하고 있다면 참회문을 내놓으신 스승님의 뜻을 모독하는 것이 될 것입니다. 또 뜻은 알지 못하면서 입으로만 외운다면 철없는 제자일 것입니다. 그리고 실천하려고 애를 쓰지 않고 외우기만 하는 제자는 불효한 제자일 것입니다.

우리 모두 이번 참회문 강좌를 통하여 경문의 내용을 믿고 깨닫고 실천하여 대종사님과 삼세의 제불 제성께 대 효도를 올리는 계기가 되기를 기원하면서 강의를 시작하겠습니다.

참회문 원문을 이해하기 쉽게 여섯 단락으로 나누었습니다.

첫째, 참회의 동기 즉 참회는 왜 해야 하는가.

둘째, 참회의 의미는 무엇인가.

셋째, 불완전한 참회 곧 잘못된 참회의 원인은 무엇인가.

넷째, 참회하는 방법은 무엇인가.

다섯째, 참회의 결과는 어떤 것인가.

여섯째, 경책의 말씀 즉 고승들이 참회를 경홀하게 여김에 대한 경책입니다.

이 중 세 번째인 그릇된 참회와 여섯 번째인 참회에 대한 경책의 말씀이 성격상 비슷하므로 합하여 설명하겠습니다. 그리고 되도록 스승님의 말씀에 충실한 해석을 하고 실천에 용이하게 설명하려고 합니다.

이 강의를 통하여 참회문을 내놓으신 대종사님의 자비하신 법문이, 나와 여러분과 일체 생령들로 하여금 영원히 죄업의 고통에서 벗어나서 참다운 불보살이 되도록 인도하시기를 간절히 심축합니다.

罪業으로부터의 自由

목차

참회문 원문

　음양상승(陰陽相勝)의 도를 따라 선행자는 후일에 상생(相生)의 과보를 받고 악행자는 후일에 상극(相克)의 과보를 받는 것이 호리도 틀림이 없으되, 영원히 참회개과하는 사람은 능히 상생상극의 업력을 벗어나서 죄복을 자유로 할 수 있나니, 그러므로 제불조사가 이구동음으로 참회문을 열어 놓으셨나니라.

　대범, 참회라 하는 것은 옛 생활을 버리고 새 생활을 개척하는 초보이며, 악도를 놓고 선도에 들어오는 초문이라, 사람이 과거의 잘못을 참회하여 날로 선도를 행한즉 구업(舊業)은 점점 사라지고 신업은 다시 짓지 아니하여 선도는 날로 가까워지고 악도는 스스로 멀어지나니라. 그러므로, 경에 이르시되 「전심작악(前心作惡)은 구름이 해를 가린 것과 같고 후심기선(後心起善)은 밝은 불이 어둠을 파함과 같나니라」 하시었나니, 죄는 본래 마음으로부터 일어난 것이라 마음이 멸함을 따라 반드시 없어질 것이며, 업은 본래 무명(無明)인지라 자성의 혜광을 따라 반드시 없어지나니, 죄고에 신음하는 사람들이여! 어찌 이 문에 들지 아니하리요.

그러나, 죄업의 근본은 탐·진·치(貪瞋痴)라 아무리 참회를 한다 할지라도 후일에 또다시 악을 범하고 보면 죄도 또한 멸할 날이 없으며, 또는 악도에 떨어질 중죄를 지은 사람이 일시적 참회로써 약간의 복을 짓는다 할지라도 원래의 탐·진·치를 그대로 두고 보면 복은 복대로 받고 죄는 죄대로 남아 있게 되나니, 비하건대 큰 솥 가운데 끓는 물을 냉(冷)하게 만들고자 하는 사람이 위에다가 약간의 냉수만 갖다 붓고, 밑에서 타는 불을 그대로 둔즉 불의 힘은 강하고 냉수의 힘은 약하여 어느 때든지 그 물이 냉해지지 아니함과 같나니라.

세상에 전과(前過)를 뉘우치는 사람은 많으나 후과를 범하지 않는 사람은 적으며, 일시적 참회심으로써 한두 가지의 복을 짓는 사람은 있으나 심중의 탐·진·치는 그대로 두나니 어찌 죄업이 청정하기를 바라리요.

참회의 방법은 두 가지가 있으니, 하나는 사참(事懺)이요 하나는 이참(理懺)이라, 사참이라 함은 성심으로 삼보(三寶)전에 죄과를 뉘우치며 날로 모든 선을 행함을 이름이요, 이참이라 함은 원래에 죄성(罪

性)이 공한 자리를 깨쳐 안으로 모든 번뇌 망상을 제거해 감을 이름이 니 사람이 영원히 죄악을 벗어나고자 할진대 마땅히 이를 쌍수하여 밖으로 모든 선업을 계속 수행하는 동시에 안으로 자신의 탐 · 진 · 치를 제거할지니라. 이같이 한즉, 저 솥 가운데 끓는 물을 냉하게 만들고자 하는 사람이 위에다가 냉수도 많이 붓고 밑에서 타는 불도 꺼버림과 같아서 아무리 백천 겁에 쌓이고 쌓인 죄업일지라도 곧 청정해지나니 라.

또는, 공부인이 성심으로 참회수도하여 적적 성성한 자성불을 깨 쳐 마음의 자유를 얻고 보면, 천업(天業)을 임의로 하고 생사를 자유로 하여 취할 것도 없고 버릴 것도 없고 미워할 것도 없고 사랑할 것도 없 어서, 삼계육도(三界六途)가 평등일미요, 동정역순이 무비삼매(無非 三昧)라, 이러한 사람은 천만죄고가 더운 물에 얼음 녹듯하여 고도 고 가 아니요, 죄도 죄가 아니며, 항상 자성의 혜광이 발하여 진대지가 이 도량이요, 진대지가 이 정토라 내외 중간에 털끝만한 죄상(罪相)도 찾 아볼 수 없나니, 이것이 이른바 불조의 참회요, 대승의 참회라 이 지경 에 이르러야 가히 죄업을 마쳤다 하리라.

근래에 자칭 도인의 무리가 왕왕이 출현하여 계율과 인과를 중히 알지 아니하고 날로 자행자지를 행하면서 스스로 이르기를 무애행(無 碍行)이라 하여 불문(佛門)을 더럽히는 일이 없지 아니하나니, 이것은 자성의 분별 없는 줄만 알고 분별 있는 줄을 모르는 연고라, 어찌 유무 초월의 참 도를 알았다 하리요. 또는, 견성만으로써 공부를 다한 줄로 알고, 견성 후에는 참회도 소용이 없고 수행도 소용이 없다고 생각하는 사람이 많으나, 비록 견성은 하였다 할지라도 천만 번뇌와 모든 착심이 동시에 소멸되는 것이 아니요 또는 삼대력(三大力)을 얻어 성불을 하였다 할지라도 정업(定業)은 능히 면하지 못하는 것이니, 마땅히 이 점에 주의하여 사견(邪見)에 빠지지 말며 불조의 말씀을 오해하여 죄업을 경하게 알지 말지니라.

1. 참회공부는 왜 하는가

음양상승(陰陽相勝)의 도를 따라 선행자는 후일에 상생(相生)의 과보를 받고 악행자는 후일에 상극(相克)의 과보를 받는 것이 호리도 틀림이 없으되, 영원히 참회개과하는 사람은 능히 상생상극의 업력을 벗어나서 죄복을 자유로 할 수 있나니, 그러므로 제불조사가 이구동음으로 참회문을 열어 놓으셨나니라.

o 이 장에서는 우주를 지배하는 음양상승의 이치를 이해하고

o 그 이치 때문에 상생상극의 업력이 현실로 전개되고 있음을
  깨닫는 공부를 하며

o 상생상극의 업력을 벗어나야 하는 이유를 알아냅시다.

(1) 음양상승(陰陽相勝)의 도(道)

우주자연은 어떤 법칙이 있기 때문에 질서가 정연하게 운행되어갑니다. 세상은 무한한 이치가 내재하여 흥·망·성·쇠로 변하여 가고 있습니다.

남자는 대개 여자를 좋아하고 여자는 대개 남자를 좋아합니다. 사람뿐만이 아니라 동물들도 수컷과 암컷은 서로 좋아합니다. 이것을 인간의 의지로 조종하기는 어렵습니다. 이는 어떤 강력한 힘에 의하여 지배받기 때문입니다.

천지에는 봄·여름·가을·겨울이 있습니다. 적도 지방이나 한

대 지방도 조금씩의 차이는 있지만 반드시 사계절의 변화는 어쩔 수가 없습니다. 왜 이렇게 춘·하·추·동의 변화가 생길까요? 또 이 우주에는 밤과 낮이 서로 교대합니다. 이렇게 되도록 하는 근원이 무엇일까요?

우주자연에는 태어나서 늙고 병들어 죽고 또다시 태어나서 늙고 병들어 죽고 하는 변화가 계속적으로 반복 진행되어 갑니다. 이 사회국가도 잘 살펴보면 흥성하고 또 더욱 흥성하다가 쇠퇴하여 결국 아주 멸망하는 등의 변화를 보입니다. 또 사람의 마음도 변화합니다. 경계를 따라서 마음이 일어나고(生) 그 마음이 얼마동안 지속되다가(住) 다시 그 마음이 변하고(異) 그리고 그 마음이 자취 없이 사라집니다(滅).

이처럼 보이지 않는 어떤 묘한 이치가 있어서 남녀는 서로 좋아하고 자연은 춘·하·추·동으로 변화하고 만물은 생·노·병·사로, 사회는 흥·망·성·쇠로, 우리들의 마음은 생·주·이·멸(生住異滅)로 변화합니다.

우주와 자연과 사회와 우리들의 인생을 지배하는 보이지 않는 묘한 이치가 있습니다. 그 묘한 이치는 확실히 존재하지만 모양이 없어서 보이지 않고 미묘해서 잡히지 않고 조화가 무궁무진해서 흔적이 없습니다.

얼마 전, 가을 등산을 하였습니다. 산은 위로부터 붉게 물들어 내려오고 있었습니다. 어느 나무잎은 짙은 커피색을, 어느 잎은 푸른색을 띠고 있었습니다. 그 사이로 나무줄기와 바위, 물소리와 바람소리 등이 한데 어우러져 아름다운 그림과 음악을 감상하는것 같았습니다. 그처럼 아름다운 작품을 연출하시는 분이 누구인가 만나보고 싶었지만 그분을 만날 수는 없고 그림과 음악만 감상하고 왔습니다.

그 묘한 이치를 모두 확실하게 깨닫는 것을 대각(大覺)이라고 합니다. 그래서 부처님이 보리수하에서 정각(正覺)을 얻었고 대종사님이 노루목에서 대각을 하셨고 예수님이 요단강가에서 계시를 받았다고 합니다. 모두 이 우주에 비장(秘藏)되어 있는 묘한 이치를 깨달은 것이지요.

① 음양상승과 인과보응

대종사님께서는 이 묘한 이치를 '음양(陰陽)이 상승(相勝)하는 이치' 라고 말씀하셨습니다. 만물을 변화시키는 이치, 우주를 변화시키는 이치, 죄를 지으면 벌을 받고 복을 지으면 복을 받도록 하는 이치, 세상이 흥하기도 망하기도 하는 이치를 음양의 도리(道理)라고 말씀하신 것입니다.

　　우주적인 입장에서는 주로 '음양상승의 이치' 라는 표현을 쓰고 인간의 입장에서는 주로 '인과보응(因果報應)의 이치' 라는 표현을 쓸 뿐 인과보응과 음양상승의 이치는 같은 이치입니다.

　　중국적인 사유방식으로는 우주의 원리를 음과 양의 원리로 설명하였고 인도에서는 같은 원리를 인간적인 삶에 적응시켜서 인과의 이치로 설명하였습니다. 그러나 우주와 인생을 지배한다는 입장에서 음양과 인과의 원리는 똑같은 진리입니다.

　　봄·여름이 되면 무엇이든지 나타나며 신장(伸張)되고 가을·겨울은 숨고 수축(收縮)됩니다. 가을·겨울은 수축되어 음(陰)기운이라고 하고 봄·여름은 신장되므로 양(陽)기운이라고 합니다. 또 밤은 감추고 쉬므로 음기운이 성한 때이고 낮은 드러내고 활동하므로 양기운이 성한 때입니다. 손을 예로 들어 설명하면 우리의 손가락을 완전히 오므리면 음기운으로 뭉쳐 있는 것이고 활짝 펴면 양기운으로 넘쳐 있는 것이라고 비교할 수 있습니다.

　　이 우주 안에 있는 모든 만물들은 때로는 음기운의 지배를 받기도 하고 때로는 양기운의 지배를 받기도 합니다. 봄과 여름에는 양기운의 지배를 받아서 만물이 소생하고 성장하고 활발하게 활동합니다. 그러다가 가을과 겨울이 되면 음기운의 지배를 받아서 모든 기능이 수축되고 움츠려져 보이지 않고 감추게 됩니다. 이것은 만물이 스스로 그렇게 하고 싶어서 되는 것이 아니라 양기운과 음기운의 영향 때문에 그렇게 되어지는 것입니다.

그런데 이 음기운과 양기운이 서로 이긴다(相勝)는 것은 싸워서 서로 이기는 것이 아니라 양은 양 노릇을 하다가 때가 되면 음기운에게 자리를 넘겨 주고 음기운은 또 왕성하다가 때가 되면 다시 양 기운에게 자리를 넘겨 주는 등 서로 서로가 다 이겨서 상승(相勝) 순환한다는 뜻입니다. 또 이와 흡사한 용어로 서로 밀어 준다는 뜻인 '상추(相推)' 라는 말이 있는데 음기운이 양기운을 밀어 주고 양기운이 음기운을 밀어준다는 것입니다.

우주는 그 덩치가 크고 만물은 그 종이 다양하지만 결국 하나의 진리인 음양상승의 이치가 있어서 그 진리의 힘과 섭리에 의하여 운영되는 것입니다. 그러므로 이러한 천지의 묘한 이치는 바로 천지의 주인인 것입니다. 이 묘한 이치가 천지와 만물과 인간만사를 실제적으로 운영하는 것입니다. 그래서 천지 안에 있는 모든 것들은 결코 이 도리를 벗어날 수가 없는 것입니다.

이 도리를 '인과의 이치' 라고 하고 또는 '법신불' 이라고 하고,

‘일원상 진리’라고 하고, ‘도’라고 하며 ‘하늘’이라고도 합니다. 이러한 ‘음양상승의 이치’ 이전의 바탕을 이루고 있는 진리를 ‘불생불멸(不生不滅)의 이치’라고 합니다. ‘불생불멸의 이치’와 ‘음양상승(또는 인과보응)의 이치’는 따로 있는 것이 아니라, 이치의 체성면으로 말할 때는 ‘불생불멸’의 이치라 하고 그것의 작용면으로 말할 때는 ‘음양상승의 이치’라고 부릅니다.

그러므로 ‘음양상승의 이치’를 말하면 자연 그 체성인 ‘불생불멸의 이치’를 바탕한 것이며, ‘불생불멸’의 이치라고 말하면 그 작용인 ‘음양상승의 이치’가 함께 따르는 것입니다. 마치 동전의 앞과 뒤와 같다고 할 것입니다.

다만 이 참회문에서는 죄 지으면 벌을 받고 복 지으면 복 받는 등 진리의 분명한 작용을 주로 하는 내용이 되기 때문에 ‘불생불멸의 이치’라는 표현보다는 ‘음양상승의 이치’를 들어서 말씀하신 것입니다.

음양상승의 묘한 도리가 있어서 복을 지으면 스스로 받으려 하지 않아도 이 우주의 주인인 묘한 이치가 분명하게 계산을 하여 복을 배달하여 주시고, 죄를 지으면 틀림없이 벌을 가져다 주십니다.

이처럼 '음양상승의 이치'가 있어서 모든 생령들이 어떤 행동을 했느냐에 따라서 상생상극의 업보가 마련되는 것인데, 음의 원리는 움츠려 종자로 보존하는 성질을 갖습니다. 가령 내가 저 사람에게 은혜를 많이 입으면 그 사람에게 감사한 마음이 생기고 그런 감사심이 그 사람에 대한 상생의 업인(業因) 곧 은혜의 업종자가 형성이 됩니다. 반대로 저 사람이 나에게 해를 끼쳤다면 나의 마음에 그 사람을 미워하는 마음이 생기고 그 마음이 뭉쳐서 그 사람에 대한 해독의 종자인 상극의 업인(業因)이 형성되는 것입니다.

그리고 이처럼 선악의 업인으로 보존된 것은 때가 되면 반드시 결과로 나타납니다. 원망의 종자인 업인은 그 상대를 만나서 해를 끼치는 결과로 현실화되고 감사의 종자를 심어 놓은 것이라면 반드시 은혜로 나타나는데 그 선악의 결과로 현실화되는 원리는 양의 원리가 있어서 가능한 일입니다.

즉 음은 원인(因)이며 양은 결과(果)입니다. 그래서 우주의 음양상승의 원리는 인간의 인과보응의 이치와 같은 것으로 인간의 주고받는 원리를 말할 때는 '인과보응의 이치'라고 표현하는 것입니다.

② 음양상승 이치의 세 가지 성질

지금까지 음양상승의 원리가 있어서 그 진리가 들어 만물을 생성화육 시키고 죽이고 살리는 역할을 하며 인간이 복을 지으면 복을 주고 죄를 지으면 벌을 주시는 것을 설명하였습니다.

우리가 죄를 짓고 참회하는 공부를 할 때에 그저 간단하게 죄를 짓지 않도록 하고 복을 짓도록 하면 되는 일이 아닌가 하고 생각하기 쉬운데 그것이 그렇게 간단하지가 않습니다. 먼저 무엇이 죄가 되고 무엇이 복이 되는지를 알기도 어려울 뿐만 아니라, 다른 사람이 보지 않으면 양심을 속일 수도 있기 때문에 결국 죄복의 원리인 음양상승의 이치를 알아야 참다운 참회공부가 되는 것이며 그래서 우주의 원리를 공부해야 하는 것입니다.

음양상승의 원리를 깊이 알게 되면 참회공부가 더욱 쉽게 되기 때문에 원리의 몇 가지 성질을 설명하겠습니다.

먼저 천지만물의 주인인 음양상승의 이치는 매우 광대한 것입니다. 그래서 천지자연과 태양계와 은하계 등 모든 것을 다 품어 안아서 하나도 버리지 않는 어머니와 같은 것입니다.

그리고 그 이치는 매우 밝은 것입니다. 만물의 가지 수가 셀 수 없이 많고 그 하는 일도 한없이 다양하지만 그 모든 것을 하나도 빠짐없이 보시고 알고 계시는 밝은 눈을 지닌 분입니다. 그래서 대종사님께서는 이를 '천지식(天地識)'이라고 말씀하셨습니다.

우리가 남모르는 곳에서 살짝 지은 죄도 낱낱이 보고 알고 계시며 어둔 곳에서 남에게 선을 베풀어도 다 보고 계셔서 그에 상응하는 복을 내려 줍니다.

지금 이 강의를 하고 있는 나의 정성도 다 보고 계실 것이고 이 강의를 듣고 있는 여러분 마음도 다 들여다보고 계실 것입니다. 어쩌면 우리는 항상 진리 부처님의 밝은 눈에 의하여 감시를 받고 있는 셈입니다. 두려운 일이지만 어쩔 수 없는 일이지요.

다음으로 음양상승의 이치는 무엇이나 다할 수 있는 창조자이며 조화자입니다.

천지자연의 장엄함, 위대함을 보십시오. 만물의 개성에 따라서 그에 알갖게 보응하는 것을 보십시오. 따스한 봄날 꽃들의 아름다움, 동녘에 해뜨는 장엄함, 석양의 비애로운 아름다움을 보십시오. 가냘프고 여린 꽃들, 아주 작은 곤충들의 살아가는 모습을 보십시오. 그것이 모두 진리의 조화인 것입니다.

우리는 음양상승하는 진리의 광대한 품과 밝은 분별과 조화의 은혜 속에 살아갑니다. 그러므로 우리는 이러한 진리를 잘 알아서 지은 죄를 참회하고 선업을 지어가야 하겠습니다.

(2) 선 · 악행(善惡行)의 과보

내가 만일 저 사람에게 유익(有益)한 행동을 하거나 사회에 도움이 되는 일을 하면 그 혜택을 누린 사람이 반드시 훗날에 혜택을 받은 만큼 나에게 복을 가져다 주어서 저 사람과 나는 서로 살리는 관계가 되고, 이와 반대로 내가 저 사람에게 해독을 끼치는 행동을 하였다면 후일에 저 사람이 나에게 불행을 가져다 주어서 서로 원한을 주고받는 관계가 됩니다.

이렇듯 선행자에게 행복이, 악행자에게 불행이 오게 하는 결과를 가져다 주는 역할을 어느 누가 하느냐 하면 바로 일원상 진리인 음양상승의 이치가 그렇게 하여 주는 것입니다.

선행을 하면 그 대가를 굳이 받으려 하지 않아도 정확하게 셈하여 그 만큼을 가져다 줍니다. 그리고 저 사람에게 죄를 지어 놓고 그 죄 값을 받고 싶지 않아 도망가고 숨어도 틀림없이 찾아서 그 죄에 상응하는 벌을 배달하여 줍니다. 그러한 진리를 구체적으로 표현하여 음양상승의 이치라고 하는데, 이러한 이치가 있음을 확실히는 모르지만 믿는 사람도 있고 부정하는 사람도 있으며 여실하게 깨달은 사람도 있습니다.

보통 대부분의 사람은 이러한 진리를 알지 못하여 부정하고, 또 대부분의 종교를 믿는 사람은 확실히는 모르지만 스승의 가르침에 따라서 믿고 살아갑니다. 그러나 그런 이치를 여실히 깨달아서 실천하고 그 이치를 인생과 사회에 창조적으로 구현시켜 가는 분도 있습니다.

우리는 이 강의를 통하여 믿고 알고 실천해서 죄악을 벗어나서 영원한 복락을 누리도록 합시다.

① 누가 선·악행을 하는가

선행자에게는 복락을 가져다 주고 악행자에게는 죄벌을 주는 이가 누구인가 하면 바로 '음양상승의 진리'라는 것에 대하여서는 거듭 설명을 하였으니 충분히 이해하셨을 줄로 압니다.

그런데 그 선행과 악행을 지어가는 주체자는 누구인가를 생각해보아야 하겠습니다. 진리가 아무리 그 사람에게 복을 주고 싶어도 선행을 하지 않으면 줄 수가 없고 아무리 그 사람에게 벌을 주고 싶어도 그 사람이 악행을 하지 않으면 줄 수가 없는 것입니다.

그러나 진리인 음양상승의 이치는 사람에 있어서는 다소 수동적으로 지은 바에 따라서 상극과 상생의 과보를 주는 것입니다. 그러므로 죄복을 지어가는 주체자는 누구인가를 생각해 보아야 합니다.

 결국 내가 주체가 되어 선행이든 악행이든 작용을 하게 되므로, 나의 마음과 몸을 작용할 때에 선행을 하는 습관을 들이면 계속 선행을 하게 되어 언제나 행복을 받게 될 것이요, 악행을 하는 습관을 가졌다면 언제나 악행을 하여 해독을 입게 될 것입니다.

활을 만드는 공장에서는 항상 어떻게 하면 보다 날카롭고 표적을 잘 맞추는 활을 만들까를 연구하며 활을 만듭니다. 그러나 방패를 만드는 공장은 항상 어떻게 하면 날카로운 활을 잘 막아서 피해를 입지 않을까를 생각하며 방패를 만듭니다.

사람도 이와 같이 다양한 공장을 가지고 있어서 어떤 사람은 몸과 입과 마음으로 계속 남에게 유익을 주는 제품을 만드는 사람이 있는가 하면, 어떤 사람은 몸과 마음과 입으로 계속 남에게 손해만 주는 제품을 만들어내는 사람이 있습니다. 또 어느 때는 남에게 유익을 주었다가 어느 때는 남에게 손해를 주는 제품을 번갈아 만드는 사람도 있습니다. 또 어떤 사람들에게는 유익을 주지만, 다른 사람들에게는 손해를 주는 경우도 있습니다.

우리 모든 사람에게는 행복이나 불행을, 또는 평화와 갈등을 만들 수 있는 능력들이 다 있습니다. 밖으로 색·성·향·미·촉·법(色聲香味觸法)의 여섯 가지 경계를 대하여 안·이·비·설·신·의의 여섯 기관이 작용하면서 선악의 제품을 생산하는 것이지요.

가령 예를 들면 한 곡의 노래 소리를 귀로 듣고 매우 아름답다는 생각을 일으켜서 노래 부른 가수에게 칭찬과 감사를 보내는 사람도 있고 반대로 노래가 좋지 못하다는 생각을 일으켜서 노래 부른 사람을 비판하고 폄하하는 사람도 있을 것입니다. 물론 칭찬과 폄하가 적절한가에 대하여는 알 수 없지만, 노래 소리라는 경계를 귀를 통하여 의식이 듣고 호불호(好不好)의 마음을 생산하여 그 사람에게 칭찬이나 비판을 하는 것은 다른 누가 그렇게 하는 것이 아니라 바로 나에게 있는 육근(六根)이라는 기관을 통하여 마음이 하는 일이지요.

이처럼 내가 경계를 맞이할 때 어떻게 마음작용을 하느냐에 따라서 행복을 생산하기도 하고 불행을 생산하기도 하는 것이므로 나의 행복과 불행을 만들어 가는 조물주는 바로 나이며 나의 마음 작용인 것입니다

부처님께서는 일체가 유심조(一切唯心造)라고 하셨습니다. 행복과 불행을 만드는 것은 바로 각자의 마음 작용에 따라 있으며, 각자의 마음먹음에 따라서 같은 환경이라도 좋게도 또는 나쁘게도 생각할 수가 있다는 것입니다. 내 마음작용이 바로 나를 부처로 만들

수도 있고 악독한 사람으로 만들 수가 있는 것이며, 내 마음을 어떻게 사용하였느냐에 따라서 복락이 올 수도 있고 괴로운 고통이 올 수도 있는 것입니다. 그래서 내 마음이 바로 나의 행·불행을 좌우하는 조물주(造物主)인 것입니다.

내 마음이 나의 조물주라는 것을 확실히 알아야 참다운 참회공부를 할 수가 있습니다. 만일 참회공부를 하는 사람이 나의 불행이 다른 사람에 의하여 받는다고 생각하거나 재수가 없어서 혹은 운이 나빠서 받는다고 생각한다면 나의 행동을 수정하려고 하지 않을 것입니다. 또 저 위에 절대자가 있어서 나에게 벌을 준다고 생각한다면 본인의 잘못된 행동을 바꾸기 보다는 그를 향하여 복을 구하려고만 할 것입니다.

그러므로 참회공부를 하는 사람은 반드시 내 마음이 나의 조물주임을 확실히 자각해야만 실다운 참회를 할 수 있는 것입니다.

② 선·악행의 자기인과(自己因果)

내가 육근(六根)을 작용하여 다른 사람에게 어떤 행동을 한 가지 하면 두 가지의 열매가 맺힙니다.

예를 들어보겠습니다. 내가 여러 사람을 위해 아름다운 가곡을 정성스럽게 열창하였다고 합시다. 그러면 듣는 사람들의 마음을 즐

겁게 해 주었으니 그 분들에게 선과(善果)를 심은 것이지요. 그리고 또 내가 노래를 불렀으니 나에게는 노래하는 습관 또는 노래하는 재주가 내 마음에 심어지겠지요.

또 다른 예로 내가 어떤 사람에게 욕설을 퍼부었다면 그만큼 나의 마음 속에는 욕을 하는 악습의 종자가 뿌려질 것이고 내 욕설을 들은 사람의 마음에는 나에 대한 해독의 종자가 뿌려지겠지요. 이 점을 잘 이해해야 합니다.

이처럼 내가 나에게 뿌린 인과는 자기인과라고 할 수 있습니다. 자기가 자기에게 선한 습관 또는 악한 습관의 종자를 뿌려서 마침내 선한 사람, 악한 사람의 결과가 나타나는 것이지요. 자기가 자기에게 뿌린 종자가 누적되어서 자기의 인격을 조성해 가는 것이니 이것을 자기인과(自己因果)라고 하는 것입니다.

연전에 내가 어떤 교도 부부에게 인사를 받았는데, 남편 교도가 "저는 성격이 얼마나 조급하든지 마른 잎에 불붙이기와 같습니다."라고 자기의 성격을 소개해요. 그러니까 이 말을 들은 부인 교도가 "그렇게만 급하면 양반이게요? 휘발유에 불붙이기와 같은데요." 라고 하면서 성질이 급한 남편 때문에 젊은 시절에 어려움이 많았던 에피소드를 이야기했습니다. 남편에게 언제부터 그렇게 급한 성격을 가졌는가를 물으니, 태생이 그렇다는 것입니다. 태어나면서부터 급한 성격을 타고났다는 것이지요.

성급한 마음을 한 번 내고 두 번 내고 해서 거듭 내다보면 자기 자신의 마음속에 성질 급한 습관이 조성되어서 스스로도 어쩔 수 없는 급한 성격으로 고착이 됩니다. 이 강의를 들으시는 여러분도 각기 다른 성격을 가지고 계실 것입니다. 느림보 성격을 지닌 사람, 부지런한 사람, 적극적인 사람, 소극적인 사람 등등. 이런 각자의 성격은 모두 스스로가 만들어서 조성하여 가져온 것이지요.

성격뿐만 아니라 재능도 사람마다 다릅니다. 솜씨가 좋은 사람은 어지간한 물건은 쉽게 고칩니다. 그런데 솜씨가 좋지 못한 사람은 고치려는 물건을 더욱 망가뜨리는 경우가 많습니다. 또 음악에 재능이 있는 사람, 글에 재능이 있는 사람도 있지요. 우리 교무님들은 다음 생에도 말을 잘하는 재주를 지닐 것 같아요. 지금 말을 많이 하고 있는 저도 다음 생에 말을 많이 하는 사람이 될 것 같아서 좀 두렵습니다.

학교에서 아이들 적성검사를 하면 이공계, 인문계, 예체능계 등 다양한 적성이 나옵니다. 그런데 같은 형제라도 적성이 다를 수가 있지요. 평생을 은행 계통에 근무해 계산을 남다르게 많이 하였다면 그것이 쌓여 아마도 금융계의 적성이 맞을 것이고, 문학공부를 해 평생 글쓰기를 많이 한 사람이라면 그는 인문계에 적성이 맞을 것입니다.

사람마다 품격도 조금씩 다릅니다. 선천적으로 우아한 품위를 지닌 사람도 있고 천한 품격을 지닌 사람도 있습니다. 그것은 모두 그 사람이 어떤 가치관을 가지고 어떤 마음 버릇을 길들였느냐에 따라서 결정됩니다.

그러므로 지금의 나의 성격, 재능, 품격 등은 다른 사람이 만들어 준 것이 아니라 내가 스스로 과거 여러 생전부터 습관들여서 조성한 것입니다. 그래서 이것을 자기인과 또는 자습자성(自習自成)이라고 할 수 있습니다. 자기가 습관들여서 자기의 인격을 이룩하였다는 뜻이지요.

자기가 무시로 조성하여온 자기의 성격, 재능, 인품, 가치관이 바탕이 되어서 남을 상대하여 복을 짓기도 하고 죄를 짓기도 합니다. 과거로부터 훌륭한 인격을 조성하여 왔다면 다른 사람을 향하여 복을 짓기가 퍽 용이하겠지요. 그러나 조잡한 인격을 조성하여 왔다면 저절로 남에게 죄짓기를 잘 할 것입니다.

그러나 그렇다고 훌륭한 인격자는 어디서나 반드시 복을 짓고 조잡한 인격자는 반드시 어디서나 죄를 짓는다고 단정할 수는 없습니다. 훌륭한 인격자라도 때때로 남에게 죄악을 지을 수가 있고 조잡한 인격자도 자기 가족이나 다른 사람에게 좋은 일을 할 수가 있습니다.

　　자기인과에 의하여 훌륭한 인격을 길들이거나 조잡한 인격을 길들여 놓으면 그 인격으로 인하여 길들여 온대로 복과 죄를 짓기는 쉽지만 언제나 그렇다고 할 수는 없습니다. 설사 훌륭한 인격을 소유하였더라도 남을 향하여 활동하지 않는다면 복을 짓기가 어렵고, 악독한 사람이라도 남을 향하여 행동하지 않는다면 죄짓는 일이 드물어지겠지요.

　　자기인과와 자습자성을 중심으로 스스로의 인격을 갈고 닦는 것은 마치 운동선수가 연습을 부지런히 하여 훌륭한 기량을 갖추는 것과 같습니다. 그러나 훌륭한 기량을 갖춘 선수라고 하더라도 실전에서 기량을 발휘하여 좋은 결과를 얻어야만 하듯이 훌륭한 인격의 소유자라도 실지로 활동을 하여 다른 사람에게 유익을 미쳐야 실다운 복을 짓게 되는 것입니다.

　　좋은 도구를 지닌 사람은 작업에 큰 성과를 내기가 쉬우나 원시적인 작업도구를 가진 사람은 노력에 비해서 그 효과를 내기가 어려울 뿐만 아니라 때때로 오히려 그 도구로 인하여 손해를 보는 수도 있습니다.

　　자기인과의 원리를 알아서 나의 성격, 재능, 가치관, 품위가 복짓는데 용이한 것인가, 아니면 죄짓기 용이한 것인가를 판단하여 복

짓는데 용이하도록 개선해 나가는 것이 참회의 으뜸가는 원리가 될
것입니다.

③ 결과로 되돌아 온 대타인과(對他因果)
이는 내가 행동하여 다른 사람의 마음속에 심어 놓은 과보가 결
과로 나에게 되돌아오는 과보입니다.

농부가 농사를 지으려면 먼저 종자를 선택합니다. 선택한 종자
중에는 우수한 종자도 있을 것이고 질이 떨어지는 종자도 있을 것입
니다. 이런 종자를 논밭에 심고 가꿔갑니다. 김매고 거름도 하는 등
가꾸다가 때가 되면 결실이 맺어진 것을 거두어들입니다. 이때 질이
떨어지는 종자를 뿌린 사람은 아무래도 결실이 떨어질 것이요, 우수
한 종자를 심은 사람은 결실이 우수하기가 쉽습니다. 또 그동안 김
매고 거름 주는 것을 어떻게 했느냐에 따라서 더욱 많은 소출을 거둘
수도 있고 그렇지 못한 결실을 거둘 수도 있을 것입니다.
이와 같이 내가 행동한 것이 다른 사람의 마음에 심어져
서 그 결과를 다시 내가 거두는 것을 대타인과라고 할 수
있습니다.

내가 저 사람에게 경제적으로 도움을 주었다면 그 사람은 마음
속에 나에 대한 깊은 감사의 마음을 지니게 될 것입니다. 그러면 그

것이 다음 생에 나에게 행복을 가져다 주는 결과로 나타나게 되는 것입니다.

저 사람이 나에게 매우 어려운 고통을 주어서 내가 어쩔 수 없이 울분을 참고서 고통을 받았다면 그때는 받았지만 나의 마음 속에는 그에 대한 원한의 감정이 뿌리내려서 이 다음 어느 때인가는 복수를 할 수밖에 없는 상황에 이르게 되어 그것을 갚게 되는 것입니다.

사람마다 인연이 다 다릅니다. 제가 가끔 결혼식 주례를 서게 되는데, 대개 결혼식 전에 주례를 찾아와서 미리 인사를 합니다. 그러면 축하도 하고 교훈되는 말도 하다가 어떻게 두 사람이 만나서 결혼까지 하게 되었는가를 물을 때도 있는데, 그러면 서로 마주 웃으면서 그냥 그렇게 되었다고 합니다.

그 많은 사람 중에 왜 하필 두 사람이 인연이 되어 부부로 맺어질까요? 그것은 반드시 두 사람이 전생에서부터 수없이 만나서 다정한 관계를 맺어왔기 때문에 그 인연의 결과로 금생에 만나 부부 인연이 된 것이지요.

인연도 서로 좋지 못한 것을 주고받으면 상극의 인연이 되고 서로 좋은 것만을 주고받으면 상생의 인연이 됩니다. 모두 다 자주 만나서 선악의 인을 심어 맺어 놓은 것이 금생에 다시 만나게 되는 동력이 되는 것이지요.

대부분 사람들은 이상하게도 자기 가족과는 손익계산을 별로 따지지 않고 은혜를 주고받습니다. 부부 사이나 부자 모자 형제 사이는 서로 별다른 조건 없이 좋으나 싫으나 고통과 행복을 같이 나눕니다. 이것은 바로 숙세에 서로 가까운 관계를 맺고서 조건 없이 서로 주고받았기 때문에 금생에 가족이 되어서 공동생활을 하게 되는 것입니다.

세상에는 친구나 동료 사이에 서로 아무런 조건이 없이 고통과 행복을 나누면서 살아가는 사람도 있고 또는 끝없이 한쪽이 희생만 하는 관계도 있는데 이것도 역시 전생에 받은 것을 금생에 주는 것으로 이해할 수가 있습니다.

이처럼 내가 저 사람에게 심어놓은 선의 종자 또는 악의 종자를 거둔다고 해서 대타인과(對他因果)라고 하기도 하고 또는 내가 상대에게 선악의 종자를 뿌려서 가꿔가지고 그 결실을 결국 내가 거둔다 하여 자작자수(自作自受)라고 하기도 합니다.

내가 저 사람에게 행동하여 그 사람의 마음속에 심어놓은 선악의 종자는 그 사람의 마음 밭에서 자라서 그 결과가 나에게 되돌아오는 나의 분신과도 같은 것입니다. 어떤 농부가 농사를 정성스럽게 지어서 그것을 거두면서 "이 나락은 나의 분신이요 내 자식이나 같습니다.” 라고 했습니다.

우리는 다른 사람을 향하여 마음을 먹고 말하고 행동을 합니다. 그것이 나의 분신으로 상대에게 저장되었다가 때가 되면 나에게 과보로 돌아옵니다. 그러므로 상대가 나에게 보복을 하더라도 내가 저 사람에게 맡겼다가 찾아오는 것으로 이해하고 참고 달게 받아야 합니다.

우리들은 수많은 전생을 살아오면서 많은 유정물에게 선악의 종자를 뿌려왔습니다. 사람에게 또는 동물에게 또는 미생물에게, 때로는 의식하면서 또 때로는 무의식적으로 선악의 종자를 뿌려왔습니다. 나쁜 습성을 길들여서 나쁜 종자만 주로 뿌린 사람은 많은 동물과 미생물에게 그에 상응하는 과보를 받을 것이며, 불보살과 같은 인격자는 주로 선한 종자를 뿌려왔기 때문에 복이 마르지 않는 낙원에서 살게 될 것입니다.

우리가 지금 이처럼 참회문 공부를 하는 것은 과거 생에 인과의 진리를 알지 못하여 유정물에 좋지 않은 종자를 뿌려왔다면 그것을 참회하고 나의 행동을 고쳐서 남의 가슴을 아프게 하는 죄악을 범하지 않는 사람으로 거듭나자는데 그 뜻이 있는 것입니다.

④ 지어놓은 업은 어디에 보존되는가

앞에서 자기 조물주인 자기가 심신작용을 하여 자기인과를 지어서 자기인격을 조성하고 대타인과를 지어서 다른 사람으로부터 선악간의 상생 상극의 과보를 받는다는 설명을 드렸습니다.

그런데 내가 상대에게 지은 자습자성의 자기업보와 내가 남에게 지어놓은 자작자수의 대타업보는 어디에 보존되었다가 어느 때쯤 나타나는가를 알아보아야 하겠습니다. 경전의 원문에서 상생상극의 과보를 후일에 받는다고 하셨는데 지어놓은 업보가 어디서 보존되었다가 어느 후일에 과보로써 나에게 되돌아오는가를 공부할 순서입니다.

우리가 몸과 마음으로 지어놓은 업은 그 결과가 바로 나타나지 않고 얼마동안 그 어딘가에 저장되어 있다가 나타납니다.

가을에 거두어들인 곡식 종자들을 얼마동안 곡간이나 종자를 저장하는 항아리 등에 보관했다가 이듬해 봄철 파종할 무렵에 꺼내어 발아시키는 것처럼 업력의 종자는 어느 곳엔가 상당한 기간 동안 저장되어 있다가 때가 되면 나타납니다. 마치 우리가 음식을 먹으면 그 음식의 영양분이 바로 에너지로 나타나는 것이 아니라 얼마 동안 간장(肝臟)에 저장되었다가 나오는 것과 같은 원리입니다.

몸과 입과 마음으로 지어놓은 선악의 업종자는 우리 마음속 가장 깊은 곳에 저장이 되는데 그곳을 함장식(含

藏識)이라고 하고 또는 인도 말로 제팔아뢰야식(第八阿賴
阿識)이라고 합니다.

우리들의 마음 구조는 대개 삼층으로 되어 있는데 처음 단계
는 경계를 따라서 생기는 표면의식입니다. 이것을 제육의
식(第六意識)이라고 하지요. 그리고 다음 단계는 자아의
식(自我意識)으로 이른바 제칠말나식(第七末那識)이라고
도 하는데 육식(六識)보다 깊은 마음의 단계입니다. 그리
고 마지막으로 제팔식(第八識)은 모든 업보를 담아 보존
하는 업주머니 또는 업의 창고와 같은 것입니다.

우리들의 마음세계를 이해하는 것이 참회공부에 도움이 되겠으
므로 좀더 구체적으로 제팔식에 대하여 설명하겠습니다.

우리 인간에게는 여섯 기관이 있습니다. 마치 국가의 정부에 몇
개의 부처가 있어서 나라의 일을 하는 것처럼 말입니다. 그 여섯 기
관은 눈·귀·코·혀·몸·의식(眼耳鼻舌身意)인데 그 중에서도
안·이·비·설·신은 육신에 속한 것으로 이것은 의식이전(意識以
前)의 기관이라고 하여 전오식(前五識)이라고 합니다.

이 전오식은 밖으로 다섯 가지 경계를 대상으로 합니다. 눈은
색깔과 형태[色界]를, 귀는 소리의 고저장단[聲界]을, 코는 갖가지
냄새[香界]를, 혀는 갖가지 맛[味界]을, 몸은 여러 가지 감촉(觸界)을
대상으로 하여 느낌을 갖는데, 이때의 다섯 가지 알음알이인 안식

(眼識)·이식(耳識)·비식(鼻識)·설식(舌識)·신식(身識)을 전오식(前五識)이라고 합니다.

이러한 전오식이 느낀 정보를 제육의식(第六意識)에게 전달하면 그 제육의식은 밖에서 들어온 감각을 가지고 그것을 자료로 하여 자기 자신이 지금까지 모아서 축적해 둔 경험을 바탕해서 선악 시비 이해를 판단하고 다시 오근(五根)에게 명하여 행동하도록 합니다.

이때 그 의식내(意識內)에 쌓아둔 경험과 관념들을 법경(法境)이라고 합니다.

그러므로 안·이·비·설·신은 색·성·향·미·촉(色聲香味觸)을 대상으로 하지만 의식은 밖에서 들어온 정보와 안에 이미 내재(內在)되었던 경험된 지식(法境)을 대상으로 하여 작용한다는 것입니다. 다시 말하면 안·이·비·설·신은 단순하게 그리고 기계적으로 작용하지만 의식은 밖의 것을 받아서 안의 것과 조합하여 갖가지 마음을 만들게 됩니다. 뿐만 아니라 밖의 정보가 없이 홀로 있다하여도 혼자서 생각하는 능력도 가지고 있는데 이것을 제육의식(第六意識)이라고 합니다.

그런데 이 의식세계에서 한걸음 더 들어가면 의식의 밑바닥에 제칠말라식(第七末那識)이라는 것이 있습니다. 이것은 나의 몸속에 있는 나의 실체인 영혼(靈魂)입니다. 이 영혼이 몸속에 존재하면서

의식을 통하여 몸을 부리는 것이지요.

　이 영혼은 언제나 자기 자신을 보호하려고 하는 자기애(自己愛)가 중심이 됩니다. 그리고 이 자기애는 욕심(貪心)·성냄(嗔心)·속임(痴心) 등 표면의 의식으로 나타납니다. 그러므로 표면적으로 나타나는 의식은 그 밑바탕에 있는 영혼의 부림을 받는 것이지요.

　다음은 의식의 가장 깊숙한 곳에 있는 제팔아뢰야식인데 그 곳은 진리의 세계입니다. 이 진리의 세계인 아뢰야의 세계는 나의 영혼과 의식이 작용하여 선악간에 지어놓은 업종자를 저장하여 놓은 장소입니다. 일단 선악간에 지어놓은 종자는 반드시 빠짐이 없이 이 아뢰야라고 하는 창고에 저장이 됩니다. 한번 저장이 된 것은 나의 영혼이나 의식의 범주에서 벗어나서 진리가 공정하게 관리하게 됩니다.

　이 함장식은 인간들이 흔히 생각하는 선은 좋고 악은 싫다고 하는 등의 가치 세계와는 별개여서 모든 선악의 업종자를 평등하게 저장하는 구실을 합니다. 저장된 선악의 업종자는 어느 때 연을 만나서 발아하여 결과로 나타날 것인가 하는 그 시기가 결정되어 저장됩니다.

　이 업들이 결과로 발현되는 시기를 크게 두 가지로 말하는데 하나는 부정업(不定業)이요, 다른 하나는 정업(定業)입니다.

부정업은 업을 지을 때 유약하게 지었기 때문에 업인(業因)의 종자가 힘이 약하어 어느 때 나타날 것인가가 정확하게 결정되어 있지 않는 업들입니다.

정업은 업을 지을 때 매우 강력하게 지어서 업인에 힘이 뭉쳐 있기 때문에 어느 때 어떤 형태로 과보가 행해질 것인가가 확실하게 결정된 것입니다. 금생의 초년에 지은 업인이 인생의 말년에 결과로 나타나는 경우도 있고, 금생에 지은 업인이 다음 생에 나타나는 경우도 있으며, 또는 금생에 지은 것이 다음다음 생에 나타나는 경우도 있습니다.

금생에 지은 것을 금생에 받는 것은 기억할 수가 있어서 좋고 낮은 과보를 이해할 수가 있지만 다음 생으로 정업이 결정된 업보는 받는 사람이나 주는 사람이나 이해하기가 어려워서 우연히 주고 받는 업보가 되는 것입니다.

지금까지 말씀드린 것을 대강 요약해 정리해 보겠습니다.

우리가 선악간 지은 것이 왜 그 과보로 나에게 돌아오게 되는가 하면 우주와 만물을 지배하는 음양상승의 이치가 있기 때문에 그렇습니다. 그러나 업보를 짓는 것은 개개인의 심신작용에 의한 것이지만 심신작용을 하였다고 해서 바로 그 과보가 나타나는 것이 아니라 함장식에 당분간 저장이 되었다가 나에게 돌아옵니다.

(3) 영원히 참회 개과하면

범부중생들은 고해에서 헤매는 삶을 삽니다. 다만 정도에 따라서 더하고 덜할 뿐 누구나 고통 속에서 살아갑니다. 어린아이가 어머니로부터 떨어져 세상에 나오면 새롭고 낯선 환경에 직면하여 울지요. 고해의 시작인 셈입니다. 살아가면서 즐거운 일도 있기는 하지만 인생살이를 곰곰이 들여다보면 고해(苦海)에서 허우적거리는 삶입니다.

성장하면서도 육체가 원하는 욕망을 다 채워 줄 수가 없습니다. 육체의 욕망을 다 채워 준다면 더욱 큰 죄벌의 올가미에 씌워져서 심적 고통이 올 것입니다. 그리고 심리적으로도 얻고 싶은 욕망은 끝이 없는데 그 욕망을 채우기는 아주 어렵습니다. 그래서 언제나 구하여도 채워지지 않는 영원한 욕구불만의 생애를 살게 됩니다.

또 나와 상극의 관계인 사람들을 만나 같은 직장에서 또는 같은 마을에서 또는 같은 식구가 되어 살기도 하니 그 고통이야말로 참으로 큰 것이지요. 그뿐인가요? 사랑하여 정든 사람과 이별하는 괴로움은 그 얼마나 많으며 그 아픔은 얼마나 큽니까?

그런가 하면 정말로 괴로운 것은 늙어서 병들어 죽어가는 근본적인 괴로움입니다. 늙음의 초라함, 병들어 무력함, 그리고 도저히 벗어날 수 없는 죽음이라는 것이 서서히 다가오는데 그 앞에서는 누구나 굴복할 수밖에 없습니다. 이것이 인생의 괴로움의 절정이지요.

이러한 갖가지 고통들이 누구에게나 아주 평등하게 오지는 않고 누구에게는 더하고 누구에게는 덜하여 갖가지의 모습으로 우리에게 다가옵니다. 이런 것들을 우리는 자업자득(自業自得)이라고 합니다. 누가 지어 주어서 받는 것이 아니라 내가 지어서 받는다는 것이지요.

우리가 업력의 이치를 정확하게 깨닫지 못하면 죄악으로부터 결국 자유롭지 못할 것입니다. 그래서 이 참회 법문을 깊이 공부하여야만 하는 것입니다.

범부는 죄고의 생활에서 탈출하는 길을 모르기 때문에 자포자기하여 되는 대로 살거나 또는 인생은 원래 괴롭고 슬픈 것이라 하여 체념하고 살거나 또는 괴로움을 의지로 이겨야 하겠다고 하여 전심전력으로 재산을 모으고 권리를 잡고 명예를 얻는 등으로 괴로움을 벗어나려고 안간힘을 쓰지요.

그러나 세속적인 재물 명예 권리 등이 높아지고 채워질수록 그것과 반비례하여 괴로움은 더욱 커지기 마련입니다. 왜냐하면 그것을 지키기 위하여 더욱 애를 써야 하고 그것이 훼손되면 더욱 괴롭기 때문입니다. 지혜로운 사람은 쌓아두면 둘수록 스스로를 가두는 감옥을 만든다는 것을 잘 알지요.

그렇다고 가진 것이 하나도 없으면 또 어떻게 됩니까? 그러면 빈천자가 되어서 가난의 고통을 당하게 됩니다. 있어도 괴롭고 없어도 괴로우니 어떻게 살아야 합니까?

참회공부를 진정으로 하면 있고 없는 것을 초월하여 그것을 굴리면서 살아가는 자유인이 될 수 있습니다.

지금 이 공부를 하고 계시는 교도님들은 이제 확실한 서원을 세워야 합니다. 죄고의 고통을 우선 땜질하는 식으로 얼버무려 무마하거나 또는 인생은 괴로운 거라 하여 체념하는 식으로 살지 말고 죄고의 인생을 근원적으로 극복하는 방법을 찾아서 새로운 삶을 시작해야 합니다. 그것이 우리가 참회문을 공부하는 이유입니다.

참회수도함으로써 과거 죄업의 때를 지우고 앞으로는 더욱 깨끗한 선업은 지을 뿐만 아니라, 나아가 선업마저도 해탈하여 죄와 복을 마음대로 굴리고 사는 불보살의 삶을 확실하게 터득하여 살아가야 하겠습니다.

(4) 다른 종교들의 참회

부처님, 공자님, 예수님, 대종사님이 이 땅에 오셔서 제일 과제로 여기시고 하시고자 하셨던 일이 바로 중생의 고통을 덜어 주고, 죄고에 신음하는 중생들의 삶을 불보살 성자의 삶으로 바꾸고자 하는 것입니다. 성자들이 오셔서 도를 깨닫고 나면 중생들의 삶이 한

없이 불쌍하게 여겨져서 중생의 잘못된 삶, 고달픈 삶, 병든 삶, 무지(無知)의 삶을 구원하기 위하여 정성을 다하십니다.

'제생의세(濟生醫世)'라는 말씀이 있는데, 이는 생령들을 불보살의 삶으로 전환시키고 병든 세상을 고친다는 뜻입니다. 성자들께서는 이렇게 제생의세하기 위하여 교법을 짜십니다. 그 교법이 바로 유교의 사서삼경(四書三經)이고 불교(佛敎)의 수많은 경전이며 예수교의 구약·신약, 원불교의 정전·대종경 등입니다. 이것은 모두 제생의세의 약방문입니다.

그런데 모든 성자들께서는 가르침을 펴실 때 잘못을 바루는 참회에 대한 말씀을 해주셨습니다.

대승불교(大乘佛敎)의 경우에는 죄업의 근본인 무명업장을 씻어내서 죄 없는 본래 자성을 회복하는데 주력하는 이른바 자력참회가 주가 되어 있습니다.

이에 비해서 소승불교(小乘佛敎)에서는 잘못한 행위를 불법승(佛法僧) 삼보전(三寶前)에 고백하고 그것을 참회하여 제도를 받도록 하는 타력적(他力的) 참회가 주가 된다고 할 수 있지요.

특히 참고할 만한 경우는 중국의 천태종(天台宗)에서 하는 참회법으로 작법참회, 취상참회, 무상참회라는 것이 있습니다. 작법(作法)참회는 예불을 올릴 때 죄지은 것을 고백하고 부처님의 힘을 빌려서 죄 지은 것을 멸도(滅度) 하려는 것이요, 취상(取相)참회는 불보살들의 훌륭한 모습을 어느 곳에서 나 상상하여 죄 지을 마음을 멀리하는 것이요, 무상(無相) 참회는 잘났다, 못났다, 잘했다, 못했다 등등의 모든 생각으로부터 벗어나기 위하여 무심관(無心觀)을 하도록 가르쳐서 죄업이 없는 마음을 회복하려는 것입니다.

기독교의 경우는 주로 예수님 그리고 성모마리아와 하나님의 은총에 힘입어서 구원을 얻고자 하는 철저하게 타력을 위주로 하는 참회의 방법을 사용하고 있습니다.

잘은 모르지만, 기독교에서 하는 세례(洗禮) 의식을 보면 물로 죄업을 씻어 준다는 상징적 의미가 있는 것이 아닌가 하는 생각이 듭니다. 그리고 신도들이 신부님께 와서 하는 고해성사(告解聖事)도 참회의 한 방법입니다. 생활하는 가운데 죄 지은 것이 있으면 하나님과 예수님의 대리인인 신부님이나 목사님께 가서 죄상을 낱낱이 고백하여 하느님으로부터 죄를 용서받는다는 것이지요. 그래서 이 일은 기독교에서는 하나의 참회 행위이며 신앙의 행위로 되어 있습니다.

우리들도 심한 잘못을 하였을 때 스승이나 또는 부모님께 가서 잘못을 고백하고 훈계를 받고는 앞으로 그런 일이 없도록 맹서를 하면 심리적으로 위안이 되고 후련할 수가 있어서 참회의 한 방법이 되겠다는 생각이 들었습니다.

다른 종교에서 하는 참회의 방법에 대하여는 매우 상식적인 수준에서 말씀드렸으니 참고하시고 대종사님께서는 어떻게 참회공부를 하도록 하셨는가를 공부하시기 바랍니다.

2. 참회(懺悔)의 의미(意味)

대범, 참회라 하는 것은 옛 생활을 버리고 새 생활을 개척하는 초보이며, 악도를 놓고 선도에 들어오는 초문이라, 사람이 과거의 잘못을 참회하여 날로 선도를 행한즉 구업(舊業)은 점점 사라지고 신업은 다시 짓지 아니하여 선도는 날로 가까워지고 악도는 스스로 멀어지나니라. 그러므로, 경에 이르시되 「전심 작악(前心作惡)은 구름이 해를 가린 것과 같고 후심기선(後心起善)은 밝은 불이 어둠을 파함과 같나니라」 하시었나니, 죄는 본래 마음으로부터 일어난 것이라 마음이 멸함을 따라 반드시 없어질 것이며, 업은 본래 무명(無明)인지라 자성의 혜광을 따라 반드시 없어지나니, 죄고에 신음하는 사람들이여! 어찌 이 문에 들지 아니하리요.

o 참회란 무엇인가를 알아서 자기의 잘못을 뉘우치고

그 잘못의 원인을 발견하고 그것을 개선하여 새로운 삶을

시작하는 참회공부를 하며

o 특별히 잘못을 뉘우치는 일회성 참회가 아니라 자기의

삶 전체를 뉘우치고 죄업을 짓지 않는 불보살의 삶으로

전환하는 것이 진정한 참회임을 공부하고

o 죄고의 원인인 무명이란 것이 구체적으로 무엇인가를

공부하며

o 자성의 혜광(慧光)으로 무명을 어떻게 소멸시키는가를

공부합시다.

(1) 옛 생활을 버리고

사람은 태어나 유아기를 벗어나면서부터 학습생활을 시작하여 인생을 준비합니다. 그리고는 생업을 위한 갖가지 직업을 가지고 살아갑니다. 또 가족을 이루게 되고 정신적인 여가와 문화적인 가치를 추구하며 이웃, 동료들과 함께 어울려 살아갑니다.

이렇게 살아가는 것이 쌓여서 업이 되고 그 업이 다음 생을 결정하는 중요한 역할을 할 것입니다.

그러니까 우리들이 살아가는 것이 바로 생활입니다. 그 생활을 어떻게 하여야 될 것인가를 실답게 고민하지도 못하고 그저 관행에 따라서 그럭저럭 사는 것이 중생살이입니다.

우리들의 삶은 대부분 일상적인 생활의 연속입니다. 물론 일상적인 일을 넘어선 특별한 일이 있기도 하지만 그런 특별한 일은 대부분 긴장을 하기 때문에 잘 처리해 나가기가 오히려 쉽습니다. 그러나 일상적인 일은 긴장이 풀어져서 흐트러지는 경우가 많지요.

그런데 실은 일상적인 일들이 우리 삶의 기초가 되는 생활입니다. 그래서 일상생활이 무너지면 인생이 무너지게 되고, 일상생활로 인하여 특별한 생활이 영향을 받습니다. 일상생활 속에 게으름이 배어 있는 사람은 그 게으름으로 인하여 큰 실수를 범할 수 있고, 무절제한 생활을 하는 사람은 그로 인하여 큰 잘못을 저지르기 쉽지요.

그러므로 삶의 기초라고 할 수 있는 일상생활이 얼마나 보람차고 가치 있느냐에 따라서 죄업을 짓지 않고 선업을 지을 수가 있는 것입니다.

① 새 생활을 개척하려면
일상생활을 하다보면 주변의 환경이나 외부의 조건이 나의 생

활에 많은 영향을 줍니다.

우리는 일상적으로 끊임없이 다가오는 일과 인연들에 둘러싸여 삽니다. 그래서 스스로가 주체가 되어 살아가지 못하고 주변 여건에 의하여 살아가지요. 이는 주체적 자아에 의하여 생활하는 것이 아니기 때문에 깨어 있는 삶이라 할 수 없습니다. 이것이 대부분 범부 중생들의 삶의 태도입니다.

일반 가정의 부인들은 대부분 남편이나 자녀들에 의하여 그 생활이 지배를 받습니다. 그러다가 남편이 실망을 주거나 자녀들이 성장하여 떠나고 나면 허무에 빠지고 절망 속에서 허우적거립니다. 남자도 마찬가지이지요. 직장에서의 명예나 자녀부양 등등을 위하여 살다보면 세월은 빠르게 흐르고 결국 늙고 병들어 죽음만이 나를 기다립니다.

'옛 생활'이란 주체성이 없는 생활입니다. 자녀를 위하든지 직장을 위하든지 가정에 희생하든지 간에 나의 인생은 내가 주체가 되어서 나에 의하여 결정되고 운영되어야 합니다. 주변의 여건에 지배받아 살아가는 옛 생활을 버리고 주체성을 확보하여 깨어 있는 새 생활을 하는 것이 참회의 첫 관문이 되는 것입니다.

우리의 일상생활을 가만히 들여다보면 마치 다람쥐 쳇바퀴 도는 것처럼 매일 반복되는 생활을 합니다. 뭔가를 심사숙고하고 보다 나은 가치를 향하여 고민하고 노력하기 보다는 그저 어제도 그랬고 오늘도 그렇고 내일도 그러할 일상적인 일들로 지루하고 권태로운 생활을 반복합니다.

이런 생활의 연속이 나를 타락하게 만들고 무기력하게 만들어서 고에서 고로 흘러가고 강급하도록 만드는 옛 생활이 되는 것입니다.

그러므로 내가 지금 이 일을 이렇게 계속하면 나의 말로가 어떻게 될 것인가를 생각해야 합니다. 습관적으로 카드를 사용하여 가정이 빚더미에 쌓이게 되는 것처럼 처음에는 별스럽지 않은 나의 조그마한 악습이 반복되어 쌓이면 엄청난 결과를 가져오는 것입니다. 그러므로 계획성 없이 살던 옛 생활을 버리고 참회하며 의미있고 가치있고 계획성 있는 새 생활을 개척해야 합니다.

일상생활도 의미와 가치를 부여하고 계획성이 있게 하면 언제나 활력이 있는 새 생활이 되는 것입니다.

또한 대부분의 사람들은 육신의 건강과 윤택한 경제를 추구하며 살아갑니다. 이것은 우리 삶에 중요한 부분이기는 하나 자칫 우리를 동물적이며 재물의 화신으로 만들어 큰 죄악을 불러오기가 십상입니다.

그러므로 나의 생활이 지나치게 경제적이고 육체적인 것에 치

우친 생활을 하고 있다면 한번 깊이 생각하여 정신적 가치와 영성을 맑히는 생활을 보충해야 합니다. 이것이 법문에서 밝힌 바와 같이 참회하여 새 생활로 개척하는 길입니다.

더 나아가 우리는 금생만을 생각하지 않고 영생이라는 먼 미래를 놓고 설계하며 그 설계를 근거로 한 오늘을 전개해 가야 합니다. 범부의 생활은 언제나 단촉하여 멀리 내다보지 못하므로 긴 안목으로 본 오늘을 살지 못하며 그저 눈앞의 현실만을 추구하며 살아갑니다. 그러므로 항상 진리의 세계를 잊지 않고 오늘을 사는 생활이 되도록 전환하는 것이 바로 옛 생활을 버리고 새 생활을 개척하는 참회생활의 시작이 될 것입니다.

(2) 선도(善道)에 들어가는 초문

이 천지간에는 수많은 생령들이 살아갑니다. 물론 우리들의 눈에 보이는 생령의 세계도 있고 보이지 않는 생령들의 세계도 있습니다. 이러한 생령들의 수는 정말 헤아릴 수 없이 많습니다. 이렇게 많은 생령 중에 우리 인간도 포함되어 있고 그 인간 중에 나도 우리 여러 교도님들도 포함되어 있습니다.

이러한 생령들은 악도에서 윤회하는 생령도 있고 선도에서 윤회하는 생령도 있고 드물지만 윤회를 자유로 하는 성자도 있습니다.

　참회를 하는 것은 선악의 윤회를 벗어나서 윤회를 자유하는 삶을 살기 위한 것입니다. 그래서 우리가 좀더 생령들의 삶을 알고 산다면 참회공부하기가 쉽게 될 것입니다.

　이 세상은 크게 천지자연 등 무정물(無情物)의 세계와 영혼이 있는 유정물(有情物)의 두가지 세계로 분류할 수가 있습니다.
　무정물은 그 속에 영혼이 함께 하지 않고 생기(生氣)가 주가 되어 있는 세계이지요. 식물은 살아 있어서 그 자체에 생명력은 있으나 독자적으로 존재하는 영혼은 없습니다. 그래서 자연과 식물은 무정물이지요.
　유정물의 세계는 수많은 영혼들이 별도로 존재하며 살아가고 있습니다. 그 영혼의 세계를 여섯 가지 계층으로 구분하여 육도 세계(六道世界)라고 말합니다. 이 여섯 가지 영혼의 세계는 여러분도 잘 아시는 바와 같이 영혼만으로 생을 살아가는 경우가 세 가지요, 그 영혼의 집인 육신과 아울러 사는 세계가 세 가지입니다.

　① 육도세계(六道世界)와 악도
　영혼만이 살아있는 세 가지 세계로는 천상, 수라, 아

귀의 세계가 있습니다.

첫째가 천상(天上)인데 이곳은 영혼으로 머물러 있는 신계(神界)를 말합니다.

인간세상에서 살면서 많은 복을 지었거나 마음공부를 많이 한 영혼들은 이 천상세계에 머물러 살 수 있지요. 전해 오는 이야기에 의하면 석가모니 부처님께서도 이 세상에 탄생하시기 전에는 이 천상세계에 머물러 계시다가 사바세계의 중생을 불쌍히 여기셔서 인간계로 오셨다고 합니다.

그런데 이 천상계는 영혼으로만 머물러 있기 때문에 중생교화를 직접 활발하게 할 수가 없기 때문에 복을 짓지 못하고 복을 소모하며 살게 됩니다. 또한 환경이 좋아서 세월이 많이 소모되는 곳이기 때문에 잠시 기한을 정해 놓고 쉬기는 할지언정 그곳에 오래 머물지는 않는다고 합니다.

다음은 수라(修羅)의 세계인데 보통 귀신의 세계라고 하지요.

이 세계는 육신을 받을 수 있는 복을 지어 놓지 않았을 때 또는 죄를 지었거나 어느 한 곳에 집착심 혹은 원한이 심하여 몸을 받아야 할 기회를 놓쳤을 경우에 머물게 됩니다. 대부분 한 곳에 오랫동안 있지 못하고 이곳저곳 떠돌아다니는 습성을 지녔거나 경솔하여 함부로 행동하고 마음을 쓰는 습관을 지닌 생령들이 몸을 받지 못하고 산귀신, 조상귀신 등 잡귀가 되어 허공을 떠돌지요.

다음은 아귀(餓鬼)의 세계로 수라라는 귀신의 세계보다도 더욱 천한 귀신세계입니다. 각종 축생들이나 지옥중생들이 적당히 몸 받을 수가 없을 때 영혼만으로 떠도는 하천한 귀신의 세계이지요.

우리가 소풍을 가서 음식을 먹기 전에 한 두 숟갈의 음식을 던지고 난 다음에 먹는 경우가 있습니다. 이때 던지는 음식은 그 근처 나무나 바위 등에 은거하고 있는 아귀 귀신에게 예를 하는 것이라고 합니다. 그리고 마을 앞의 당산나무를 함부로 하면 재수가 없다고 하여 조심합니다. 그곳에는 아귀들이 은거하고 있기 때문이라고 합니다.

그리고 몸과 영혼이 함께 하는 세계가 세 가지 있으니 인간, 축생, 지옥입니다.

첫째가 바로 우리들이 살아가는 인간세계입니다. 사람의 육신 속에는 이 세상에 고유하게 하나밖에 없는 영혼이 있습니다. 그 영혼이 '나'이며 육체를 움직이는 주인공입니다. 그런데 이 인간의 육체는 축생의 육체보다도 아주 잘 설계되어 진화된 훌륭한 육체이기 때문에 모든 생령들이 인간의 몸을 받기를 소망한다고 합니다.

우리는 세계 인구가 많다고 하지만 육도 중생 중에 제일 적은 수이며, 그래서 그 많은 영혼들 중에서 가장 선택된 영혼만이 사람 몸을 받을 수가 있습니다. 그러므로 인간의 몸을 받는 것은 참으로 희귀한 일이며, 또 아주 좋은 기회이기도 합니다. 인간의 몸을 받았을 때 그 육체의 힘을 빌려서 많은 공덕을 쌓을 수도 있고 수행을 해서 부처를 이룰 수도 있기 때문입니다.

다음은 축생(畜生)의 세계로 보통 짐승들을 말합니다. 들짐승, 산짐승, 날짐승, 가축 등등이지요. 이 모든 짐승에게는 독자적인 영혼이 있습니다. 곰이라든지 개라든지를 자세히 관찰해 보면 모두 뚜렷한 개성이 있는 것을 알 수 있는데 이는 모두 독자적인 영혼이 있어서 전생의 습성이 나타나기 때문입니다.

그 동물들은 사람 몸보다 훨씬 성능이 떨어져서 아무리 훌륭한 영혼이라도 일단 동물의 몸을 받게 되면 그 몸의 영향으로 동물적인 행동을 할 수밖에 없습니다. 대부분 동물이 다시 동물이 되기 쉽고 또는 인간세상에서 몸을 누추하게 쓰고 본능적인 욕망만 밝히며 남의 정신을 희미하게 흐려놓거나 큰 죄악을 지었을 때 축생의 몸을 받게 되는 것입니다.

다음은 지옥(地獄)입니다. 지옥은 글자 그대로 땅 감옥을 말합니다. 땅 밑이나 물속이나 땅 바닥을 맴도는 곤충류가 모두 지옥중생입니다. 이 지옥 중생들도 모두 그 몸속에는 독자적인 영혼이 들어 있습니다. 역시 지옥중생이 다시 지옥 중생으로 태어나기 쉽고 인간관계에서 아주 극심한 죄악을 지으면 그 과보로 지옥 중생의 몸을 받는 된다고 합니다.

앞에서 열거한 바와 같이 이 세상 영혼의 세계는 한량없이 많은 수가 있습니다.그 많은 수의 영혼들은 없어지거나 새로이 생겨나는 것이 아니라 모두 영생을 합니다. 그리고 그 영혼들이 가치 있는 세계로 올라가는 것을 진급이라고 하고 가치 없는 곳에 있거나 아래로 떨어지는 것을 강급이라고 합니다. 생령들이 자기의 심신을 어떻게 작용했느냐에 따라서 그에 상응하는 진급 강급의 결과가 나타납니다.

이 육도 세계 중에서 우리가 가장 선호하는 세계가 인간의 세계이며 그 다음이 천상(天上)의 세계입니다. 천상세계는 가장 좋은 곳이기는 하지만 복을 받기만 하기 때문에 그곳에 오래도록 머물면 내가 지었던 복력(福力)이 소모되며 또 일과 수행을 적극적으로 할 수가 없고 인연 작복하기가 어렵기 때문에 잠시 쉬는 곳이기는 할지언정 오래 머물러 있기에 좋은 곳은 아닙니다.

나머지 축생 · 수라 · 아귀 · 지옥은 가서는 안 될 곳입니다. 왜

냐하면 마음공부를 할 수가 없고 또 복을 지을 수도 없으며 그 환경
이 고통을 받지 않을 수 없는 곳이기 때문입니다. 아귀와 수라를 합
하여 아수라(阿修羅)라고도 하는데 그래서 축생과 지옥과 아수라(阿
修羅)의 세계를 삼악도(三惡道)라고 합니다.

금생은 어찌 다행, 사람 몸을 받았지만 다음 생에는
절대로 삼악도에 떨어지지 않는다고 장담할 수가 없는 것
입니다. 그래서 삼세의 부처님 성자님들이 연이어 나오시어 중생
들로 하여 악도윤회를 하지 않도록 참회문을 열어 놓으셨습니다.

참회수도를 하는 참다운 의미는 삼악도에 떨어져 고
통받는 일이 없도록 자기 자신이 깊은 성찰을 하여 평소
의 생활과 마음작용에 각별히 유의해서 죄악을 짓지 않고
좋은 습관만을 길들여 가는데 있습니다.

사람들은 삼악도에 떨어질 요소를 많이 지니고 살아갑니다. 남
에게 피해를 끼치거나 살생을 하고 도적질을 하고 음탕한 짓을 하는
등의 중죄를 짓고도 그 잘못을 마음 깊이 참회하지 않고 오히려 사회
를 원망하고 부모와 환경을 탓하여 죄의 원인을 떠넘기는 경우가 많
습니다. 이는 죄에서 죄로 굴러가기 때문에 악도로 윤회할 것이 명
약관화(明若觀火)한 일입니다.

그러나 실수로 죄악을 범했거나 잘못 생각하여 죄악을 지었거나 욕심을 이기지 못하여 죄악을 범했지만 마음속 깊이 잘못을 반성하여 다시는 죄 지을 일을 하지 않으려고 적극적으로 노력하면 이것이 악도를 놓고 선도에 들어가는 첫걸음이 되는 것입니다.

사람들은 실수를 하지 않을 때는 실수를 저지르지 않으려고 조심을 하지만 한두 번 실수하게 되면 타성이 생겨서 재범(再犯)을 하고 또 다시 재범을 하여 고(苦)에서 다시 고(苦)로 유전(流轉)하는 비참한 강급의 생활을 하는 경우가 많습니다. 홧김에 잘못하고 내친김에 죄짓고 그래서 결국 죄악의 수렁에서 헤매는 경우를 우리 주변에서 흔히 찾아볼 수가 있습니다. 이 때에 냉정하게 자기 자신의 미래를 생각하여 교당을 찾고 성직자를 깊이 신뢰하여 새로운 선도의 삶을 개척하는 것이 선도의 길이 됩니다.

② 복 짓는 직업으로

직업적으로 죄짓는 직업이 있습니다. 남의 정신을 흐리게 하고 남을 속여야 하고 생령을 죽여야 하고 도박판을 벌려야 하는 등등 자신의 직업 자체가 호구지책의 생활이 되어서 그로 인하여 수많은 죄악을 짓게 되면 그것을 갚아야 하고 그 상대가 억울한 마음을 지닌 것처럼 내 가슴이 미어지는 아픔을 당하는 악도윤회를 하게 됩니다.

직업이란 계속 그 일을 하게 되고 그 일로 인하여 가족이 먹고 생활을 하기 때문에 처음에 선택을 잘해야 합니다. 남을 기쁘게 하고 남의 앞길을 열어 주고 공익을 존중하고 건전한 마음을 일으키는 직업을 갖는 것이 중요합니다.

처음에 잘 모르고 죄악을 범할 수밖에 없는 직업을 선택하였다면 속담처럼 목구멍이 포도청이라 바꾸기가 쉽지 않겠지요. 그러나 그 직업으로 내가 죄악을 범하여 나의 사랑하는 가족과 내가 삼악도에 떨어져 고통을 받게 된다는 것을 안다면 직업전환에 노력을 해야겠지요. 덜 먹고 덜 쓰는 괴로움을 감수하고 새로운 직업을 모색해야 합니다. 정당한 수입을 하도록 하고 저 사람의 원에 따라서 하도록 하며 수입 중의 일부로 그에 상응하는 선한 일을 하도록 해야 합니다.

내가 어떤 산부인과 의사의 고충을 들은 적이 있습니다. 산부인과에서는 태아를 죽이는 일을 하는 경우가 있다고 합니다. 또 소를 도축하는 직업을 가진 분의 말을 들어보면 죽으러 끌려가는 소의 눈을 보면 어찌나 애처로운지 차마 하지 못하여 술을 마시거나 남을 시켜서 끌고 가게 한다고 합니다.

죄악을 지을 수밖에 없는 직업생활이 된다면 영생을 놓고 얼마나 불행한 일입니까. 자기의 직업생활을 깊이 반성하여 악도를 놓고 선도에의 길로 나아가는 것이 참회수도입니다.

③ 죄짓는 취미 생활

낚시를 즐기는 것을 보면 참으로 안타까운 마음이 듭니다. 그리고 도박을 즐기는 일을 권장하는 것을 보면 마음이 아파집니다. 마약을 즐기거나 직업이 아닌 취미로 죄악을 범하는 경우를 우리 주변에서 어렵지 않게 볼 수 있습니다.

자기의 귀중한 삶이 죄를 짓는 재미로 점철이 된다면 얼마나 철이 없고 진리에 무지한 삶입니까. 이를 반성하고 방향을 전환하여 살리는 취미, 건전한 취미로 과감하게 바꾸는 것이 참회의 길입니다.

양심이 마비되거나 분별력이 부족하여 무엇이 죄가 되고 무엇이 복이 되는지를 알지 못하고 세상과 주변의 유행 따라서 생각하는 것이 죄악의 길이 된다는 것을 알고, 나아가서는 내가 지은 죄는 내가 벌을 받게 된다는 것을 믿으며 그것을 실천하는 것이 악도에서 선도로 가는 지름길이 됩니다.

또 도덕과 윤리성을 존중히 여기는 친구를 사귀고 그런 사람들과 교류하며 또한 인과를 밝혀 진리를 섬기는 신앙하는 분위기를 가까이 하여 정신적인 안정과 방종을 절제할 수는 있는 가르침이 있는 생활로 전환하는 것이 악도에서 선도로 가는 것임을 알아야 합니다.

옛 생활로 죄업을 짓는 무명 업장에 얽혀 있는 일상생활과, 윤회의 고통에 떨어져 중죄를 짓는 악도윤회 생활을 과감하게 떨쳐버리고 선업을 쌓는 생활과, 윤회로부터 해탈하는 선도를 실천하면 자연히 윤회하는 구업(舊業)은 점점 줄어들고 새로운 업은 선업이 될 것이니 우리 모두가 대오 각성하여 참회수도의 길로 나아가야 하겠습니다.

(3) 죄는 마음으로부터

죄란 우리가 가장 두려워해야 할 인류와 생령들의 공적으로 나를 구속하고 우리를 고통으로 몰아넣기도 합니다. 죄란 사회질서를 파괴하고 인간의 생존을 위협하며 삶의 질을 저하시키고 우리를 불안과 피로감에 쌓이게 하는 있어서는 안 될 존재입니다.

그러므로 삼세의 모든 부처님과 모든 성자가 이 땅에 오셔서 모든 생령들로 하여금 죄악의 구렁텅이에서 벗어나도록 구원의 손길을 마련하셨고 제도의 방편을 마련하여 종교를 설립하고 교법을 내셨으며 성직자로 하여금 죄 없는 세상을 만들도록 하고 계십니다.

죄라는 글자는 그물망 속에 아닐 비(非)자를 가둬놓은 형상입니다. 그러므로 나쁜 짓을 하고 법망, 양심의 창살 인간이 가정을 구성하고 사회라는 공동체를 구성하여 살면서 사회나 가족 또는 인간을 보호하고 발전시키기 위하여 하나의 사회적 공동의 약속을 정하게 되는데 이것이 법률이라고 할 수 있지요. 또한 인류가 오랫동안 살아오면서 마땅히 이러이러하게 마음을 쓰고 행동을 해야 한다고 하는 도덕률, 즉 윤리의식이라고 하는 것이 있습니다. 그것이 전통적인 그 사회의 관습이며 문화가 되기도 합니다. 이러한 법률과 도덕 윤리를 위반하고 무시하는 행위를 죄악이라고 합니다.

삼세의 부처님이나 성자들이 우주의 도리를 깨달아서 그 깨달은 도리를 가지고 사람이 어떻게 사는 것이 가장 도리에 맞는 생활이 되며 사람과 사람이 서로 관계를 할 때는 어떻게 하는 것이 진리에 맞는가 또는 사회, 국가와 세계는 어떤 원칙에 의하여 운영되는 것이 진리에 합당한가를 알아내서 그것을 교리로 만들어 사회에 보급시켰는데 그것이 모두 다 개인의 양심이 되고 시비를 가리는 척도가 되며 사회의 윤리 규범이 되어 왔습니다. 이러한 성자의 말씀을 어기는 것, 무시하는 것, 그르치는 것이 죄악이 되는 것입니다.

특히 모든 성자들은 계율(戒律)을 정하여 중생들로 하여금 반드시 지키도록 해서 죄를 예방하거나 또는 직접 죄를 짓지 않도록 해

주셨습니다.

　이러한 계문(戒文)은 크게 두 가지 성격으로 나눠서 설명할 수가 있는데 하나는 계문을 범하면 직접 죄가 성립되는 것으로 예를 들면 살생이나 도적질 등입니다. 그리고 다른 하나는 계문을 지키지 못하면 그 자체가 죄가 되는 것은 아니지만 그것으로 인하여 죄업을 불러들이는 요인이 되는 것으로 예를 들면 술을 마시는 것이나 의복을 빛나게 꾸미는 것 등입니다.
　그러므로 계문을 범하는 것은 죄악이 될 수밖에 없습니다.

　이러한 인류 공동의 약속이나 문화 관습 등과 성자의 말씀이 기초가 되어서 국가가 법률로 정하여 지키도록 하는데 이 법률을 어기는 것이 죄악이며 좀더 깊이 들어가면 성자들이 규명한 양심과 도덕을 어기는 것이 모두 죄악이 되는 것이지요.
　여기에서 중요한 것은 사회의 법률을 교묘히 피해서 죄를 짓는 경우가 많기 때문에 사회법만 가지고 참회하도록 하면 보이지 않는 죄악이 사회 내부에 자리 잡게 되어 그것이 사회 내부를 망하게 하고 인간의 삶을 황폐하게 만든다는 것입니다.
　그러므로 밖으로 사회의 구성원들이 죄를 못 짓게 감시하는 것도 중요하지만 깊이 죄의 본질이 무엇인가를 알아내어 모든 사람 각자 각자가 죄업의 두려움을 깨달아 자각하고 실제로 죄짓지 않는 삶을 살도록 종교가 앞장서야 하는 것입니다.

속담에 열 사람이 한 명의 도적을 못 지킨다는 말이 있습니다. 감시을 통하여 사회 도적을 지키는 것은 한계가 있습니다. 문제는 개개인 모두가 도덕의 본질을 이해하고 그것을 지키기에 전심전력해야만 개인도 구원되고 사회도 구원되어서 개인과 사회가 함께 발전하게 될 것입니다.

① 죄악의 근본은 무명(無明)이다

기독교에서는 원죄(原罪)를 이야기합니다.

인류의 조상인 아담과 이브가 있었는데 아담은 남편이며 이브는 아내로서 에덴의 동산에서 하나님의 섭리대로 살았습니다. 그 동산에는 아주 먹음직하게 생긴 선악과(善惡果)라는 과일이 있었는데 신은 아담과 이브에게 그것을 절대로 따먹어서는 안 된다는 계율을 주셨다고 합니다. 그런데 사탄이 와서 이브를 유혹하여 선악과를 따먹도록 하였습니다. 아담과 이브는 선악과를 따먹고 나서부터 부끄러움을 알게 되어 남녀를 가리고 다니는 등의 행위가 생겼는데 그때에 따먹지 말라는 하느님의 말씀에 복종하지 않고 선악과를 따먹은 것이 바로 인류의 원천적인 죄라는 것입니다. 그래서 인류의 조상인 아담과 이브의 죄가 그대로 인류에게 전승되어서 지금의 인류는 모두 죄인이라고 말합니다.

물론 설화이기 때문에 합리성이라든지 사실성을 따져서는 안될 일이지요.

이 설화를 잘 음미하여 보면 하나님 말씀에 불복종하는 것이 죄가 된다는 것을 알 수가 있습니다. 가령 법률이 하라고 하는 것과 하지 말라고 하는 것이 있다면 그것을 어기면 죄악이 됩니다. 하나님이라는 분의 말씀에 불복종하는 것이 죄가 되기 때문에 죄를 짓지 않으려면 기독교인은 하나님 말씀을 어기지 않고 복종하면 죄가 없다는 말씀이기도 하니 참고할 만 합니다.

우리 동양사회에 큰 영향을 미친 유교사상에서는 무엇을 죄의 본질로 보는가요? 유교에서는 인간의 내면에 본연성(本然性) 곧 하늘과 같은 마음을 모두 갖추고 있다고 말합니다. 그 본연의 마음은 죄가 없는 천심(天心)인데 그 마음을 기질지성(氣質之性) 곧 인심(人心)이 덮어서 가리기 때문에 거기에서 온갖 죄악이 나온다는 것입니다. 그러므로 인심(人心)이 천심(天心)을 가릴 때에 죄는 시작되었다는 것이지요.

우리 불교나 원불교에서는 법신불이라는 진리, 다시 말하면 일원상이라는 진리는 인간의 본성을 이루고 있고 나아가 만물에 다 갖추어 있는 원리인데 그 원리 자체를 알지 못하는 것을 무명(無明)이라고 말합니다. 그 무명 즉 진리에 대한 무지가 바로 모든 죄를 짓는 온상이며 모르는 것 그것이 바로 죄악의 상태라는 것입니다.

또한 대종사님께서는 진리는 우리에게 크게 천지를 통하여 천지은을, 부모를 통하여 부모은을, 동포를 통하여 동포은을, 법률을 통하여 법률은을 주셨는데 그 은혜를 모르는 것 그것이 바로 배은(背恩)하는 죄라고 하셨습니다. 근본적인 은혜를 모르는 것을 죄의 원인으로 보신 것입니다.

지금까지 각 종교의 죄에 관한 설명을 드렸는데, 대개는 공통적인 면이 있으나 그 문화적인 배경으로 인하여 초점을 다르게 표현한 것으로 느껴집니다.

그러나 인간의 심리적인 면으로 볼 때, 하늘의 뜻을 확실하게 깨달았다면 하나님의 명에 복종할 수가 있을 것이고 본연지성의 천심을 깨달아 알았다면 인심의 사욕을 물리칠 수가 있을 것으로 본다면, 불법의 불생불멸한 진리와 인과보응되는 이치 또는 법신불 일원상으로부터 받은 근본 은혜를 모르는 것이 죄가 된다는 것이 좀더 시원적인 말씀인 듯 합니다.

정리하자면 죄는 무명(無明) 곧 진리에 대한 무지이며 그 무지로부터 발생한 것이라고 할 수 있습니다.

원문에서 '죄는 마음으로부터 일어나는 것'이라고 하셨습니다. 죄가 마음으로부터 발생하는 경로를 좀더 구체적으로 설명하겠습니다.

마음이 무심(無心)의 상태에 있을 때는 죄란 없는 것이지요. 본래 청정한 마음, 고요한 마음일 때는 죄악의 상태가 아닙니다. 이런 마음을 공적영지(空寂靈知)한 마음이라고 하고 또는 고요하고 두렷한 적적성성(寂寂惺惺)한 마음의 상태라고 합니다.

이러한 본래의 마음에 경계가 옵니다. 육근을 통해서 색·성·향·미·촉·법(色聲香味觸法)의 육경(六境)이라는 경계가 나타납니다. 마치 조용하고 화평한 가정에 갑자기 손님이 오는 것과 같습니다. 이 경계는 나에게 유익한 경계가 될 수도 있고 무익하거나 손해가 되는 경계일 수도 있습니다.

그때에 내 마음이 경계를 인식하고 경계를 받아들이지 않거나 또는 설사 나쁜 경계가 왔더라도 내가 그것을 미워하거나 원망하거나 죽이려 하거나 속이려고 하는 마음을 내지 않으면 죄가 아니지요. 그런데 이때에 소유욕이 발동하여 탐욕심이나 성내는 마음, 속이려는 마음을 내서 남을 직접 손해보이거나 그런 마음을 품거나 범죄를 모의하거나 하면 죄를 짓는 것이지요.

이런 죄를 짓지 않도록 하기 위하여 어떤 종교에서든지 계율이라는 것을 정하여 그 계율을 엄격하게 지키도록 합니다. 그러므로 밖의 경계를 맞이하여 탐·진·치의 마음이 발동하여 범해서는 아니 될 계율을 어기거나 법률을 범하면 그것이 바로 죄가 되는 것입니다.

　　예를 들자면, 밖에서 손님이 찾아 왔는데 그가 어떤 일을 가지고 와서 함께 하자고 제의를 했어요. 그런데 집주인이 슬기로워서 그 일의 잘못을 미리 판단하고 그 손님에게 일을 함께 하지 않겠다고 정당한 이유를 설명하고 보냈다면 죄가 될 수 없겠지요? 이것은 진리에 대한 무명의 마음이 아닌 지혜의 마음이 있었기 때문에 죄를 방지한 것이지요. 그런데 주인이 손님의 요청을 받아들여서 나쁜 일을 같이 하자고 합의하였고 공모하였다면 어떻게 되겠어요? 그것은 죄가 되는 것이지요.

　　그러므로 밖으로부터 설사 욕심나는 경계, 화나는 경계, 거짓의 경계가 온다고 하더라도 진리에 대하여 밝은 마음 즉 본래에 죄가 없는 적적 성성한 마음을 지키고 사물을 변화시키는 인과에 대한 깨달은 마음이 있다면 얼마든지 죄를 짓지 않을 수 있는 것입니다.

결국 모든 죄의 원인은 진리에 대한 무지에서 시작된 것입니다. 그런데 여기서 유의해야 할 것은 비록 밝은 마음이 있어서 손님의 뜻이 나쁘다는 것은 판단하였지만 내면에서 일어나는 욕심을 제거하지 못하거나 손님의 설득에 넘어가면 알았다는 것이 별로 힘을 쓸 수가 없지요. 그러니까 손님의 뜻을 정확히 판단하는 것

외에도 내면에서 일어나는 욕심을 제거하고 손님의 유혹에 흔들리지 않는 수행의 힘이 절대로 필요한 것이지요.

원문에서 '죄는 마음이 멸함을 따라 반드시 없어지나니'라고 하였는데 앞에서 설명한 것처럼 안·이·비·설·신·의의 육근이 색·성·향·미·촉·법의 육경을 맞이하여 설사 안으로 욕심이 발동하고 밖으로 경계에 유혹이 되었다고 하여도 그 마음을 지도하고 본래 마음에 대조하는 공부를 하여 죄악의 마음을 녹여 낸다면 죄심(罪心)이 없어진다는 것입니다.

우리가 무엇에 대하여 마음을 일어내다가 안되겠으면 그 마음을 다시 거두어들이고 없애버리면 그 마음이 소멸되는 수가 있다는 것을 다들 경험하였을 것입니다. 그러므로 마음을 내기도 하고 그것을 없애기도 하는 마음공부를 하는 것이 참회공부를 하는데 있어서 참으로 중요한 공부인 것입니다.

우리는 하루에 수십 번을 방문을 여닫고 다닙니다. 요즈음은 자동문이 있어서 자동으로 열리는 문도 있고 수동으로 열리는 문도 있습니다만 우리들의 마음도 내고 들인다는 입장에서는 비슷합니다. 하루에도 수만 번 마음이 생기기도 하고 소멸되기도 합니다.

어떤 마음은 생겨나서 내 마음 밑바닥에 착 자리를 잡고 눌러 붙어있기도 하지요. 이런 마음을 착심(着心)이라고 합니다. 또 어떤 마

음은 생겼다가 나의 마음 주머니에 꼭꼭 숨어 있어서 가끔씩 나타나
는 것도 있습니다. 그리고 또 어떤 마음은 생겼다가 곧 없어져서 기
억도 못하는 경우도 있지요.

이렇게 마음이 오고갈 때에 죄를 부르는 마음이나 아무런 의미
도 없는 마음은 바로 청소하여 소멸시켜야 합니다. 만약 이런 마음
을 오래도록 머물게 하면 자기와 유사한 마음을 불러오기도 하고 또
그 마음이 내 밝은 마음을 덮어서 판단을 흐리게 하는 원인이 되는
것입니다. 그러므로 그러한 번뇌와 망상은 바로 마음의 광명으로 비
추어서 소멸시키는 공부를 하여야만 합니다.

그리고 또 착한 마음, 복을 불러들이는 마음은 머물러 두었다가
나중에 행동으로 옮길 수 있도록 하여야 합니다. 예컨대 정당한 소
망이라든지 신심, 공부심, 보시심, 희생정신 등이지요.

그런데 이런 좋은 마음(善心)이 도리어 나의 앞길을 어둡게 가
로막는 경우도 있습니다. 그리고 나의 정신을 흐리게 하여 죄를 짓
게 하는 경우도 있지요.

예를 들어, 나는 공익(公益)정신이 좋아서 공익에 보탬이 되는
행동으로 선업을 짓고 있으나 공익심이 없는 사람을 보면 무시하거
나 미워하는 마음이 생겨서 그를 비난하고 다른 사람 앞에서 수모를

주는 등의 죄를 짓는 경우가 있습니다. 그리고 다른 사람들이 자기의 선심을 몰라주거나 거슬리면 이 마음 때문에 죄악의 마음을 일으킬 수가 있지요.

그러므로 이런 좋은 마음도 관리를 잘해야 나에게 죄심이 되지 않는 것입니다.

또 어떤 사람은 조그마한 잘못을 저질러 놓고는 그 죄의식을 떨쳐 버리지 못하고 열등감에 쌓여서 매우 소극적인 성격으로 바뀌기도 하고 자포자기하여 막가는 행동을 하여 더 큰 죄를 짓기도 하며 심지어는 자살까지 하는 경우도 있습니다. 비록 잘못을 인식하는 것은 좋은 선심이지만 이 선심이 지나쳐서 도리어 죄를 만드는 경우입니다.

오늘날 종교가 원인이 되어서 전쟁을 하는 경우가 종종 있습니다. 그들은 그 전쟁을 서로 성전(聖戰)이라고 말합니다. 그러나 그것은 자기들의 선심을 기준으로 해서 그러지 못한 다른 사람을 부도덕한 사람으로 평가하므로 그 정의심이 전쟁을 일으키고 결국 엄청난 죄악을 범하게 되는 것입니다.

그러므로 자기 기준의 선심이라고 하여도 그 선심에 마음이 어두워져서 사리판단에 오류를 범하여서는 결코 안 될 것입니다.

⑷ 업(業)이란 무엇인가

　　어떤 사람들은 "종교가 무슨 필요가 있는가, 착한 마음 가지고 법대로 살면 되지"또는 "법 없어도 살 수 있는 착한 사람"이라고 말합니다.

　　그러나 착한 마음으로 살고 남에게 좋은 일을 많이 하는 분들도 알 수 없는 운명이 찾아와서 불행해질 수도 있고, 또는 사리판단을 잘못하여 좋은 일 한다는 것이 오히려 나쁜 일을 돕게 되는 경우도 있으며, 남을 위하여 한 일이 결과적으로 그 사람에게 손해를 입히는 경우도 있습니다.

　　순진무구한 어린이의 얼굴을 보면 죄악이라고 하는 것은 그림자도 볼 수 없습니다. 그런데 그런 천진한 어린이에게도 병마가 찾아와서 많은 어린이가 죽어가기도 합니다. 또는 불의의 사고로 불구가 되기도 합니다.

　　인생이란 그렇게 착한 일만 하면서 살면 되는 것처럼 단순하지가 않습니다.

　　우리들에게 예기치 않은 불행이 찾아오면 나는 전생에 무슨 업보를 지었기에 이런 고통이 오는가 하고 탄식을 합니다. 이처럼 아무런 죄가 없는 어린이나 선량한 사람이 갑작스럽게 불행한 일을 당하는 것은 무엇 때문입니까.

그것은 모두 전생에 지어놓았다가 금생에 받는 업보입니다. 이 업보는 우리에게 우연이라는 이름으로 다가오고 숙명이라는 말로 찾아옵니다. 이 업보는 우리를 동아줄로 얽어서 자유롭지 못하게 합니다. 그러므로 참회공부를 하는 분은 이 업보를 깊이 이해하여야 합니다.

① 업보(業報)라는 것이 있습니다.

업이란 인도말로는 카르마(羯磨. karma)라고 하여 잠자는 세력 즉 아직 힘으로 나타나지 않고 장차 움직일 수 있는 힘을 비축한 감추어진 동력입니다. 그래서 잠세력(潛勢力)이라고도 하지요.

예를 들어보지요. 세상에서 국정을 책임진 사람이 잘못을 반복하면 그 피해 당사자들은 그 불평을 표출하지 못하고 마음에 간직합니다. 그리고 그것이 여러 곳에서 실수가 연발하면 그 여러 곳에 감추어진 원망이 쌓입니다. 이렇게 쌓여 있는 상태를 사회적인 업이라고 하는데 이렇게 쌓여 있는 것은 어떤 계기를 통하여 동시에 터지면 큰 힘이 되고 경우에 따라서는 사회 변혁의 동력이 되기도 합니다.

마찬가지로 우리들이 몸과 마음을 작용하면 그 결과가 뭉쳐져서 숨어있는 곳이 있습니다. 그것을 함장식(含藏識)이라고 하는 것이지요. 인도말로는 아뢰야식(阿賴耶識)이라고 하고 우리는 흔히 업주머니라고 하는데 그 업주머니에는 갖가지 선악의 업이 마치 종자들처럼 저장이 되어 있는 것입니다.

비행기 사고가 나면 블랙박스를 찾아 그 속에 녹음되어 있는 내용을 판독하여 무엇 때문에 사고가 났는가를 규명합니다. 이때 그 블랙박스는 함장식과 같고 블랙박스 속의 내용은 업력과 같다고 말할 수가 있습니다.

여기 계시는 교도님들도 모두 자기 마음속에 블랙박스와 같은 업주머니를 하나씩 가지고 계십니다. 그리고 그 업주머니에 몸과 마음으로 작용한 모든 것을 저장하고 계십니다.

그런데 블랙박스에 저장할 때에 그 업의 종자가 어느 때 발아되어서 결과로 나올 것인가를 예정하여 저장한다고 합니다.

업보는 크게 두 가지로 저장이 됩니다.

하나는 자기가 길들여 온 습관을 담아두는 자인방(自因房)입니다.

이 창고에는 주로 자기가 길들여온 재능을 담아둡니다. 글씨 쓰는 연습을 많이 한 사람은 글씨에 대한 재능을, 운동을 많이 한 사람은 체육에 대한 재능을, 솜씨를 많이 단련한 사람은 솜씨를, 노래를 많이 부른 사람은 노래 재능의 종자를 저장합니다. 또

거짓말로 남을 속이기를 많이 한 사람은 사기꾼의 재능을 저장하기
도 합니다.

또 이 자인방 창고에는 평소에 어떤 성격을 많이 사용하였는가
에 따라서 그 성격을 종자로 담아서 저장합니다. 그리고 그 외에도
자기가 마음먹고 하였던 것, 말하였던 것, 몸으로 행동했던 것 등의
온갖 자기의 마음 버릇, 말 버릇, 몸 버릇을 종자로 만들어서 담아 놓
습니다.

내가 총부에 있을 때, 봄철이면 어린이들이 와서 놀고 그림도
그리곤 합니다. 하루는 두 어린이가 크레용으로 '송대' 라는 집을 그
리고 있었어요. 가까이 가서 보니까 두 아이가 그림의 대상은 같은
데 한 아이는 짙은 색을 썼고 한 아이는 가볍고 경쾌한 색을 사용하
여 그려서 한 아이의 그림은 우울해 보이고 한 아이의 그림은 가볍고
경쾌해 보였습니다. 그래서 왜 그런 색으로 그렸는가를 물었더니 그
냥 그렸다고 대답했습니다.

이런 그림을 그릴 때도 자기의 자인방에 좋아하는 색깔이 저장
되었다가 나타나는 것이지요. 지금 여러분이 입고 있는 옷 색깔이나
모양 등도 모두 각자의 자인방에 저장해 놓은 자인업이 상당히 표출
되어 있을 것입니다.

그 자인방의 종자 성격에 따라서 다음 생의 인격 등으로 나타나
는 것이지요. 그래서 자인방에 저장된 내용이 자기 업이 되는 것입

니다.

또 다른 하나는 타인방(他人房)입니다.
자기 업주머니의 다른 한쪽에는 내가 다른 생령들에게 당하였던 내용, 서로 관계를 맺은 내용 등이 저장되어 있습니다.

다른 사람이 나에게 은혜를 베풀어 주면 나의 마음속에는 그 분에 대한 깊은 감사심이 생겨서 나의 타인방에 그 분에 대한 은혜의 종자가 저장됩니다. 그리고 많은 세월 동안 은혜를 받으면 더욱 많은 은혜의 종자가 저장이 되었다가 나중에 하나하나 발아가 되어서 그 분을 위하여 봉사하고 내가 가지고 있는 소유물을 나눠주는 등 아주 기쁜 마음으로 갚게 됩니다.

여러분들도 이런 경험이 있을 것입니다. 내가 저 사람으로부터 지금 도움을 받는 것도 아닌데 나는 그분에게 주고 싶은 마음이 나서 무엇인가를 베푸는 경우가 있지요.

반대로 어떤 사람이 나에게 손해를 끼치면 나는 어쩔 수 없이 손해를 보고는 마음으로 섭섭하여 원망하는 마음이 생깁니다. 그러면 그 마음들은 그 사람에 대한 해독의 종자가 되어서 나의 업주머니 속 타인방에 저장이 됩니다. 그리고 다음 생에 그 사람을 만나면 다른 사람들은 훌륭한 사람이라고 칭찬한다 할지라도 유독 나는 그 사람에게 해독을 끼치는 것으로 원수를 갚습니다.

우리들이 수많은 생을 살아오면서 여러 생령들과 좋은 관계 또는 나쁜 관계를 맺어 피차의 업주머니 속에 여러 종류의 업을 보관하고 있는데, 피차에 늘 좋은 것만 서로 심어 은혜를 주고받는 상생의 관계도 있고 서로 악업의 종자를 보존해 두었다가 서로가 서로에게 보복하며 주고받는 상극의 관계도 있습니다.

또 아무리 좋은 관계라 할지라도 언제나 지속적으로 서로 좋은 업종자만 뿌리기는 어려우므로 좋은 것 중에 간혹 나쁜 업종자를 뿌리기도 하고 나쁜 종자 가운데 간혹 좋은 종자를 뿌리기도 해서 복잡하게 증애의 종자가 교차하는 인간관계도 있습니다.

모두 내가 선악간 저 사람에게 지어서 저 사람의 타인방에 내가 받아야 할 것을 저장해 놓은 것이지요. 저 사람의 타인방에 복을 저장해 두었다가 받기도 하고 해독을 저장해 두었다가 받기도 하는 것입니다.

② 업(業)은 무명(無明)인지라

지금까지 선악 업에 대하여 말씀드렸는데 이는 '업은 무명인지라' 는 말씀을 해석하기 위한 것입니다. 앞에서 업이란 첫째로 내가 스스로 지어서 저장한 선악의 습관업이 있고 둘째로 다른 사람과 서로 주고받는 관계 속에서 조성되어 상대에게 갚아야 할 선악의 업이 있다고 말씀드렸습니다.

이처럼 모든 업은 나의 심신작용에 의하여 저장된 결과
인데 이 업은 종자로 뭉쳐있다가 갚아야 할 상대를 만나
면 은혜로 갚든지 해독으로 갚든지 하는 힘[力]을 비축하
고 있습니다. 그래서 이러한 업의 내재된 힘을 업력(業力)
이라고 합니다.

가령 예를 들면 미운 사람을 만나면 마음 깊은 곳으로부터 미워
서 보복하려는 마음이 강력하게 치밀어 올라와서 그 강력한 힘을 제
어하기가 어렵습니다. 그리고 사랑하는 마음도 마음속 깊은 바닥에
서부터 우러나오는 마음은 무서운 힘으로 작용하여 자제하기가 어
렵습니다.

이렇게 업이 뭉쳐서 업력이 되면 그 업력의 강한 힘으로 인하여
전후좌우 사정을 돌아볼 여유도 없이 업력이 시키는 대로 행동하게
됩니다. 그리고 업력이 자기 자신의 마음을 어둡게 하고 그
어두움이 스스로의 앞길을 막는 장애물이 된다고 하여 업
장(業障)이라고 합니다.

그러므로 '업은 무명인지라'는 말씀은 그 업 자체가 무
명이라는 말씀이기보다는 그 업력으로 인하여 업장이 되
어서 자신의 앞길을 어둡게 하는 장애물이 된다는 뜻으로
이해하는 것이 좋겠습니다.

또 이 무명이라는 말이 앞에서는 업이 나를 어둡게 하였다고 해

서 무명이라고 하였으나 다른 의미로는 삶 전체에 있어서 진리를 알지 못하여 그 어리석음으로 인해 죄를 불러들인다는 의미로 무명이라는 말을 사용하기도 하니 착오가 없기 바랍니다.

내가 알고 있는 한 사람은 고시에 여러 번 실패하였는데 결국 시험을 포기하고 시골 관청의 주사로 근무를 합니다. 고시 공부를 할 때 그에게는 사랑하는 여인이 있었는데 그에게 너무 잘해 주므로 그 연모의 정 때문에 공부에 열중할 수가 없었다고 합니다. 그는 가끔 자신이 젊었을 때 지금은 부인이 된 그 사람만 아니었더라면 고시에 합격할 수 있었을 거라고 푸념을 합니다.

이 두 사람은 과거에 서로 은혜의 종자를 심어 놓았다가 금생에 만나니 그 감추어진 은혜의 애정력이 강하여 그것을 제어하지 못하고 결국 앞길을 막는 결과가 된 것입니다. 이런 경우는 선업이지만 시간적으로 완급을 조절하는 법력이 없으므로 무명 업장이 된 것입니다.

그러므로 선악의 업 자체가 무명이 되는 것이 아니라 공부가 미숙한 사람은 그 업의 힘을 자제하지 못하여 지혜를 덮고 판단을 흐리게 하므로 무명이 된다는 것입니다.

③ 자성의 혜광(慧光)으로 업력을 녹이고

'업은 본래 무명인지라 자성의 혜광을 따라 반드시 없어진다.' 고 하셨는데, 자신의 앞길을 가로막는 업장을 어떻게 녹여낼 것인가 하는 것은 종교마다 주장이 다릅니다.

타력을 주로 하는 서구 종교에서는 간절히 기도를 올리면 신이 절대적인 권능으로 중생이 지은 죄업을 소멸해 준다고 가르칩니다. 그러므로 구원의 주체가 나 자신에 있지 않고 신이나 구세주에 의해서만이 가능하다고 생각합니다.

소승불교나 남방불교에서도 죄업은 사람이 짓는 것이지만 그것을 구원하여 주는 것은 부처님의 법력이나 관세음보살이나 지장보살 또는 아미타불이 제도를 하여 준다는 생각을 하고 있습니다.

그러나 내가 지은 업장을 다른 누가 완전히 해소해 준다고 하는 것은 완전한 가르침이라고 볼 수는 없지요. 처음에는 믿음으로 또는 기도의 힘으로 타력을 빌려서 마음에 위안을 얻고 죄업의 고통을 위로 받을 수 있지만 그러나 다른 누가 자신이 지은 죄업을 대신 받을 수는 없기 때문에 다른 힘에 의하여 완전히 죄업이 소멸될 수는 없는 것입니다.

결자해지(結者解之)라, 결국 완전한 구원은 본인이 해야 되는 것입니다.

자성의 혜광으로 업장을 소멸시킨다는 것은 무엇을 말하느냐 하면 우리의 마음속에는 법신불이 내재해 있기 때문에 자신에게 갊아 있는 자성불의 지혜광명으로 업장의 어두움을 벗어날 수가 있다는 것입니다.

우리들 자신에게는 부처님과 똑같은 자성불이 계시는데 그것을 공적영지(空寂靈知)라고 합니다. 자성불은 텅 비어 고요한데 그곳에는 신묘한 광명이 계시는 것입니다. 그것을 근본지(根本智) 곧 근본적으로 갖춘 지혜 광명이라고 하고 또는 반야지(般若智)라고도 합니다.

공부인이 깊이 마음공부를 하여 자성불을 깨치면 한량이 없는 지혜 광명이 용솟음쳐서 업장이 밀려오더라도 자성의 혜광으로 그곳에 비추면 업장이 녹는 것입니다. 마치 어두운 곳에 밝은 광명을 비추면 어둠이 자연이 물러가듯이 업장이 밀려오더라도 밝은 자성광명을 비추면 업장은 소멸되는 것입니다.

이렇게 업장을 녹이는 것을 회광반조한다고 합니다.

번뇌망상 업장이 나타나면 범부는 그 업장에 둘러싸여서 업력이 하자는 대로 죄업에서 다시 죄업을 짓고 말지만 불보살들은 자성광명을 이용하여 업장을 녹여서 깨끗한 마음으로 돌아가는 것입니다. 마치 비행기를 타고 지상에서 올라 구름을 헤치고 나아가면 곧 푸른 하늘만 있는 것처럼 업장으로부터 해탈이 되는 것이지요.

앞으로 참회의 방법을 말할 때 좀더 구체적으로 설명하겠습니
다.

3. 그릇된 참회

그러나, 죄업의 근본은 탐ㆍ진ㆍ치(貪瞋痴)라 아무리 참회를 한다 할지라도 후일에 또다시 악을 범하고 보면 죄도 또한 멸할 날이 없으며, 또는 악도에 떨어질 중죄를 지은 사람이 일시적 참회로써 약간의 복을 짓는다 할지라도 원래의 탐ㆍ진ㆍ치를 그대로 두고 보면 복은 복대로 받고 죄는 죄대로 남아 있게 되나니, 비하건대 큰 솥 가운데 끓는 물을 냉(冷)하게 만들고자 하는 사람이 위에다가 약간의 냉수만 갖다 붓고, 밑에서 타는 불을 그대로 둔 즉 불의 힘은 강하고 냉수의 힘은 약하여 어느 때든지 그 물이 냉해지지 아니함과 같나니라.

세상에 전과(前過)를 뉘우치는 사람은 많으나 후과를 범하지 않는 사람은 적으며, 일시적 참회심으로써 한두 가지의 복을 짓는 사람은 있으나 심중의 탐·진·치는 그대로 두나니 어찌 죄업이 청정하기를 바라리요.

근래에 자칭 도인의 무리가 왕왕이 출현하여 계율과 인과를 중히 알지 아니하고 날로 자행자지를 행하면서 스스로 이르기를 무애행(無碍行)이라 하여 불문(佛門)을 더럽히는 일이 없지 아니하나니, 이것은 자성의 분별없는 줄만 알고 분별 있는 줄은 모르는 연고라, 어찌 유무초월의 참 도를 알았다 하리요. 또는, 견성만으로써 공부를 다한 줄로 알고, 견성 후에는 참회도 소용이 없고 수행도 소용이 없다고 생각하는 사람이 많으나, 비록 견성은 하였다 할지라도 천만 번뇌와 모든 착심이 동시에 소멸되는 것은 아니요 또는 삼대력(三大力)을 얻어 성불을 하였다 할지라도 정업(定業)은 능히 면하지 못하는 것이니, 마땅히 이 점에 주의하여 사견(邪見)에 빠지지 말며 불조의 말씀을 오해하여 죄업을 경하게 알지 말지니라.

> o 죄업을 짓게 하는 근본적인 원인인 탐 · 진 · 치가
>
> 무엇인가를 공부하고
>
> o 일시적 참회란 무엇이며
>
> o 후과를 범하지 않으려면 어떻게 해야 하고
>
> o 견성을 했다고 하여 무애행을 하며 죄 짓는 등의
>
> 그릇된 참회에 대한 태도가 무엇인가를 공부합시다.

(1) 죄업의 근본은 탐 · 진 · 치(貪 · 瞋 · 痴)

죄라는 것은 앞에서도 설명하였지만 나의 앞길을 막는 심신작용 또는 남에게 피해를 직접 또는 간접으로 주는 그릇된 행위를 말합니다. 그리고 업이란 죄를 지어서 벌을 받아야 할 내용을 저장해 놓거나 또는 선한 행동을 하여서 그 행복의 결과를 함장식에 저장하여 놓은 것을 말합니다.

그 죄업의 가장 원천적인 원인이 무엇인가 하면 무명입니다. 무명이란 진리에 대한 무지입니다. 좀더 구체적으로 설명하자면 악한 죄를 지으면 벌을 받게 되고 선한 행동을 하면 진리로부터 상을 받게 되는 그 이치를 모르는 것을 말합니다.

선악의 행동을 하면 그에 상응하는 상과 벌을 주는 것이 무엇이 있어서 그렇게 되는가 하면 앞에서도 설명한 바와같이 이 우주에는 음양상승하는 이치가 있어서 그 이치에 의하여 상과 벌을 받게 되는 것입니다.

이 우주를 지배하고 우주 안에 살고 있는 모든 개별적인 존재까지도 지배하는 그 진리를 알지 못하는 것을 무명이라고 하는데, 그 무명 때문에 일을 당하여 잘못 판단하고 행동하게 되어 죄악을 짓는 것입니다.

그런데 진리에 대한 무지가 바로 죄벌이 된다고는 할 수 없습니다. 무명이 죄악을 지을 수 있는 가능성은 많지만 무명으로 인한 모든 행동이 다 죄악이 된다고는 할 수가 없는 것이지요. 마치 어떤 사람이 국가의 법률을 전혀 모른다고 해서 그 사람의 모든 행동이 다 범죄가 되지는 않는 것과 같습니다. 법률에 대한 무지가 범법을 하기는 쉽지만 그런다고 모든 행동이 범법이 되는 것은 아닙니다.

결국 무명이란 죄악을 범하는 바탕이 되는 것인데, 이 무명이 원인이 되거나 과거의 축적된 업력이 원인이 되어서 죄악을 범하는 직접적인 원인은 탐심(貪心)·진심(瞋心)·치심(痴心)이라는 삼독심(三毒心)입니다. 그래서 죄업의 근본은 탐·진·치(貪瞋痴)라고 하신 것입니다.

인간에게는 누구나 소유욕이라는 것이 있는데 그 소유욕이 지나치면 탐욕심이라는 것이 발동합니다. 이 탐욕심이 있기 때문에 남을 증오하고 잠 못 이루는 밤을 보내고 모든 질병이 생기고 사회의 갈등 요인이 생기고 마음이 균형을 잃고 선악의 판단이 흐려져서 죄악을 짓게 됩니다.

이 탐욕심을 좀더 세분하여 설명하자면 육체적인 욕망, 재물에 대한 욕망, 명예에 대한 욕망, 먹을 거리에 대한 욕망, 좀더 편안하고자 하는 욕망입니다. 그리고 이 욕망이 발전하면 자기 가족을 보호하고자 하는 욕망, 더 나아가 자기 인연을 보호하기 위한 욕망 또는 자기 주장을 기어이 관철하려는 지적인 욕망 등으로 이어집니다. 이러한 욕망은 끝이 없으며 그 욕망이 채워지지 못하면 그에 따라서 진심 즉 불같이 화가 나서 폭력을 행사하기도 합니다. 화를 내는 것이 마음속으로 내는데 그치지 않고 악한 말로 표현하거나 행동으로 폭력을 행사하게 되면 그것이 바로 죄악이 되는 것이지요. 아마도 이 화내는 마음만 자유로 조절할 수가 있다면 죄악은 훨씬 멀어 질 것입니다.

탐욕심을 채울 수 없으면 화를 내는 사람도 있고 거짓을 꾸며서 꾀를 부리는 사람도 있습니다. 사악한 마음, 잔꾀를 부리는 사람, 사기꾼은 모두 치심이지요. 이 치심이 바로 죄악을 만드는 장본인입니다. 치심은 진실한 마음, 순수한 마음에 거짓이라는 덧칠을 한 것이지요. 자기의 본심을 속이고 거짓 표정 거짓 말 거짓 글을 써서 상대를 속이고 자기의 탐욕심을 채우는 수단으로 사용하지요.

탐욕심을 직접 드러내는 것은 그래도 순수한 편입니다. 그래서 탐욕심이 채워지지 않아서 화를 내는 것은 순진한 죄악이라면 그보다도 속 깊은 악의 뿌리는 거짓 마음, 꾸미는 마음 즉 치심입니다.

이 치심은 자기 자신도 속는 경우가 있어요. 정의라는 명분을 세워서 대중을 기만하는 경우가 얼마든지 있습니다. 그 정의라는 명분 때문에 자기 자신도 속을 때가 많지요. 자기 마음을 속속들이 살피지 못하면 자기의 거짓 마음에 자기도 속아서 죄악을 범하는 경우가 많이 있습니다.

진정한 참회가 되지 못하는 것은 죄악의 직접적인 원인이 되는 탐·진·치를 모르고 그 탐·진·치의 부림을 받거나 또는 설사 알았다고 하여도 그 삼독심을 이길 수가 없기 때문에 참다운 참회가 되지 못하는 것입니다.

(2) 일시적 참회

　　사람들의 마음속에는 죄악을 지을 수 있는 죄악의 뭉치를 지니고 삽니다. 마치 악성종기를 앓는 사람의 환부를 유심히 관찰해 보면 종기의 고름 속에 종기의 근원이 되는 뿌리가 있는 것처럼 죄악을 일으키는 마음의 내면에는 탐·진·치라는 삼독심이 근본을 이루고 있습니다.
　　이러한 죄악의 뿌리인 탐·진·치를 제거하지 못하면 결국 죄를 짓고 참회를 하더라도 다시 또 죄를 짓게 되어 죄의 유전 속에 살게 됩니다.

　　죄를 짓기는 쉽지만 벌을 받을 때는 매우 큰 고통입니다. 젊은 청소년들에게는 억제하기 어려운 욕망이 있는데 그 욕망을 제어하지 못하면 죄 짓는 것은 아주 순식간이지만 그 결과로 인한 죄벌은 아주 혹독하고 길 수가 있습니다.

　　현생만 생각하고 내생에 받는 이치를 모르면 죄악을 짓고도 두려움을 잘 모릅니다. 시간이 흘러갔다고 해서 과거의 잘못이 끝이 났다고 생각하는 어리석음을 벗어나야 합니다. 흘러간 과거는 다시 나의 미래로 다가옵니다. 내가 지어서 내가 받는다는 원리를 알고 삼생(三生)이 있다는 사실을 확실히 안다면 아마도 죄짓는 일이 드물 것입니다.

인생을 고에서 고로 유전하는 사람은 자포자기 상태에 빠지기 쉽습니다. 그러다 보면 큰 죄를 짓기도 쉽지요. 자기 인생을 사랑하고 자기가 짓는 선악간의 모든 것을 다 보듬고 책임 짓는 사람은 죄 짓는 일도 드물 것입니다.

사물에 관성의 법칙이라는 것이 있습니다. 우리 사람도 어제하던 일을 오늘도 반복하는 것이 편안합니다. 이것을 습관이라고 하지요. 좋은 습관은 훌륭한 인격을 만들고 복을 짓는 삶을 만들어 가지만 나쁜 습관은 사회에 피해를 주고 자기 자신을 타락의 구렁에 빠지게 합니다.

사람들은 한두 번의 실수는 대개 관대하게 대하고 용서하여 줍니다. 그러나 실수를 연속하면 용서받기 어렵습니다. 잘못을 후회하고 또 다시 같은 실수를 거듭하는 악습은 결국 큰 죄악을 불러오고 영생을 악도 윤회하는 원인이 되는 것입니다.

우리들 주변에는 경찰서나 교도소를 자기 집처럼 다니고 이웃 사람에게 폭력배니, 노름꾼이니, 사기꾼이니, 마약꾼이니, 욕쟁이니 하는 이름으로 불려지는 사람들이 있습니다. 이런 사람들도 아마 분명 처음부터 그런 사람은 아니었을 것입니다. 다만 한 번 두 번 하다

보니 습관이 되고 거기에 가속력이 생겨서 결국에는 자기도 모르는 사이에 죄악을 짓는 이른바 죄악의 생산자가 되었을 것입니다.

선행을 생산하는 사람에게는 수많은 복락이 돌아오고 반대로 악행을 생산하는 사람에게는 수많은 올가미가 따라와서 그를 부자유하게 만들고 괴로움에서 괴로움으로 유전하게 만듭니다.

어느 해 서울 봉공회에서 바자회를 하고 그 이익금으로 정신 장애인 복지기관을 방문하여 성금도 전달하고 세탁도 해주고 목욕도 시켜준 일이 있는데, 그때 그들이 정신 연령도 낮고 몸도 마음대로 쓸 수가 없는 중한 과보를 받고 있음을 실감하였습니다. 그 때 함께 다녀온 교도님 한 분이 사람 몸을 받기는 하였으나 온전하지 못하였고 정신도 불완전한 현장을 보고 깊은 각성들을 하였다는 감상담을 하였습니다.

남의 정신을 흐리게 하는 직업, 남의 앞길을 방해하는 일, 또는 동물과도 같은 생활을 하거나 선한 집단을 음해하여 사회적 선을 방해한 일, 권력을 남용하여 대중에게 크게 피해를 주는 등의 죄를 습관적으로 거듭 짓는다면 그 앞길은 이루 말할 수 없는 불행의 연속이 될 것입니다.

언제인가 한센병(나환자)에 걸려 있는 사람들을 집단적으로 수용하는 곳을 방문하였는데, 그 속에서도 죄를 짓고 감호소에 갇혀 있는 사람들이 있어 무척 애처로운 마음을 가진 적이 있습니다. 한센병자가 된 것도 두려운데 그곳에서 또 잘못을 저질러 교도소 생활을 하니 참으로 안타까운 일입니다.

대종사님께서 자주 말씀하신 몇 가지 예화 중 한센병자에 관한 예화가 있습니다. 지금의 변산 내소사에 노스님과 젊은 스님이 산책을 하는데, 화전민(火田民) 한 사람이 봄철이 되어서 산에 불을 놓아 밭을 일구는 것을 보고 노스님이 젊은 스님에게 말하였답니다. 지금 저기 화전을 일구는 젊은 농부가 나중에 늙어서 한센병자가 될 것이니, 매년 불을 질러서 화전을 할 때에 많은 생물들이 불에 타죽을 것이고 그것들이 나균이 되어서 저 농부에게 괴로움을 주게 될 것이라, 잘 기억해두었다가 뒷날 보라고 하였습니다. 그 노스님이 돌아가시고 그 젊은 스님이 노인이 되어서 어느 날 절 주변을 산책하고 있으니 한 한센병 환자가 앞의 숲을 보면서 내가 나병이 들어서 이제는 화전을 일구지 못하게 되었다고 탄식하는 것을 보고 자세히 물으니 오랫동안 화전을 일구었던 그 화전민이었다고 합니다.

모든 병의 원인, 모든 괴로움의 원인, 모든 사회적 지탄의 원인이 모두 자기가 알고도 짓고 모르고도 지은 죄에 대한 과보라는 것을 확실하게 알아야 합니다. 모든 중생들은 전생으로부터 지금에 이르도록 알고도 짓고 모르고도 지어놓은 숱한 과보 속에 살고 그 과보를 받으면서 살아갑니다. 그러면서도 진정한 참회공부는 하지 않고 겉 참회를 하고, 일시적 참회를 하고, 원리를 모르는 참회를 합니다. 이렇게 참회를 하는 것은 하지 않은 것보다는 낮겠지만 영원히 죄악으로부터 벗어 날 수는 없는 것이니 우리는 실다운 참회, 영원한 참회의 방법을 공부하고 실행해야 하겠습니다.

(3) 무애행(無碍行)에 대한 오해

지금까지 원리를 모르고 하는 참회와 일시적인 참회 또는 습관을 조복 받지 못한 참회에 대한 잘못을 지적하였는데 지금부터는 참회문 뒤편의 '근래에 자칭 도인의 무리가 왕왕이 출현하여 (중략) 불조의 말씀을 오해하여 죄업을 경하게 알지 말지니라.' 까지의 말씀을 주로 설명하겠습니다.

이 말씀은 일부 수도인이 공부를 좀 하여 아는 것이 생기고 조그마한 능력이 생기면 참회공부를 소홀히 하는 경우가 있는데 이를 경책하신 말씀으로 그릇된 참회공부에 포함시켜서 설명하는 것이 편의상 좋을 것 같아서 여기에서 좀더 구체적으로 설명하겠습니다.

발심 수도하여 정진 적공을 하다보면 마음에 힘이 쌓여서 천하를 움직일 수 있을 듯한 느낌이 생기기도 하고 무엇에든지 걸림이 없는 마음이 일시적으로 생길 수가 있습니다.

그러나 이런 경우일수록 스스로 겸허한 마음으로 스승의 각별한 지도를 받으며 정진 적공에 더욱 박차를 가하여 법에 맞는 인격 수련과 사회적으로 공인 받는 인물이 되도록 노력해야 하는데, 일시적인 조그마한 힘을 믿고 무애행(無碍行)이라 하여 계율과 인과를 무시하고 사회적으로 객관화된 인격을 갖추는데 등한하여 결국 대도를 이루지 못하고 중도에 스스로 타락하는 수도인들이 있습니다.

범부 중생이 자기의 죄업을 지극히 뉘우치고 열심히 신행(信行)을 하다보면 나도 마음공부를 하여야겠다는 발심을 하게 되어 공부에 착수하는 수행의 단계에 이르게 됩니다. 이때를 대개 마음공부 초보의 단계라고 할 수 있는데 여기서 더욱 적공하면 마음에 힘이 조금 쌓이게 되고 그러다 보면 자기 마음이 한없이 커보여서 상대적으로 세상이 적어 보이고 스승이 별스럽지 않게 여겨지는 매우 위험한 단계에 이르게 될 수가 있습니다.

이때는 수도에 대한 자신감이 생기고 세상이 별스럽지 않게 보이는 대담성이 생겨서 좋은 점도 없지 않지만, 스승을 별스럽지 않게 여기고 조금 아는 것이 생겨서 세상을 가볍게 여기기 쉬워 무서운 중근병(中根病)에 들게 됩니다. 이런 현상을 잘 모르고 이때부터 공부가 다된 듯하여 부처님의 대 자유행을 흉내내는 등 방자한 행동으로 무애행을 하는 경우가 더러 있는 것입니다.

　마음공부를 하다보면 자신의 마음속에 마군이가 잠겨 있음을 발견하게 되는데 그 마군이와 싸움을 하여 완전히 조복 받는 항마의 단계에 이르지도 못하였으면서 마치 자신이 탐·진·치의 삼독심을 완전히 조복받은 양 착각하여 그때부터 공부를 등한히 하고 자행자지 합니다.

　그러나 이때가 참으로 수도인의 무서운 시험기라는 사실을 알아야 합니다. 계율과 인과를 소중히 여기고 스승의 엄한 지도를 받아서 이 관문을 극복하지 않으면 수도인으로서는 영원히 타락하고 마는 것입니다.

　아마도 마음공부에 착수하여 수도하는 사람의 7, 8할이 이 중근의 고개를 잘못 넘기어 불보살이 되지 못하고 죄악과 윤회의 길로 선회하는 경우라고 생각합니다.

　대산 종사님의 법문에 '유애중무애(有碍中無碍)하고 무애중유애(無碍中有碍)하며 무애중무불애(無碍中無不碍)하면 시즉진무애(是卽眞無碍)라' 는 말씀이 있습니다. 수도인은 마음공부를 할 때에 계율과 인과를 중히 여겨서 그것에 걸림이 있으나 걸림이 있는 가운데 걸림이 없는 심정을 기르고, 걸림이 없는 심정이나 또한 한 행동한 행동을 할 때에는 인과와 계율에 대조하여 행동하여야 합니다.

그래서 걸림이 없는데 걸림이 없지 않는 생활을 하는 것, 다시 말하면 걸림이 없는 심정 속에 살면서도 한 마음 내서 작용할 때는 반드시 계율과 인과에 알맞은 마음을 내서 행동해야 합니다. 이것이 바로 무애와 유애가 잘 단련된 것이며 마음의 자유를 참답게 얻은 길이라고 하셨으니 깊이 참고해야 할 것입니다.

대개 중생은 욕심 때문에 무엇에든지 집착합니다. 그런데 수도인들은 무엇에든지 걸림이 없고자 하여 집착을 놓으려고 합니다. 그래서 중생은 집착 때문에 자유롭지 못하고 수도인은 모든 것을 귀찮게 여겨서 놓으려는 병 때문에 문제이지요.

수도인이 걸리기 쉬운 놓고자 하는 병! 이것도 잘 생각해보면 놓는 것에 대한 일종의 집착입니다. 그래서 수도인은 책임을 회피하고 의무를 가볍게 여기는 무애병이 생기기도 합니다.

진정한 무애공부는 놓을 것은 놓고 잡을 것은 잡을 줄 알아서, 잡고 행하여도 놓아야 될 때가 되면 아무리 좋은 것이라도 놓을 줄 알고, 잡아야 할 책임과 의무는 아무리 싫어도 잡아야 하며 잡되 놓은 심정으로 잡을 줄 아는 것입니다.

사업을 하는 사람이 성실하게 사업을 하여 어느 정도 경제력이 생기고 사람들로부터 신용을 얻게 되면 다들 좋아하는데 사실은 그

때가 가장 조심해야 할 때라고 합니다. 대개 그때에 얻은 신용으로
빚 무서운 줄 모르고 사업을 확장하다가 실패하는 경우가 많다고 합
니다.

마음공부를 하는 사람도 열심히 수도 적공하면 모르는 것이 차
차 알아지고 남들이 나를 알아 주고, 스스로도 삼독심을 완전히 조
복 받았다는 착각을 하게 되어서 스승과 세상을 가볍게 여기고 인과
를 경하게 여기며 지켜야 할 계문을 범하면서 무애행이라고 하여 크
게 죄악을 짓습니다. 아예 잘 모르는 사람은 그 죄악의 범위도 넓지
않지만 지도자의 죄악은 그 죄악의 영향이 크고 깊으므로 더욱더 큰
죄가 되는 것입니다.
참으로 서투른 무애행을 경계해야 할 것입니다.

(4) 견성(見性)에 대한 착각

수도인이 마음공부를 하다보면 자기 마음이 자기 마음대로 되
지 않고 환경의 노리게 노릇을 하거나 알 수 없는 이상스런 마음에
황당하여 질 때가 있습니다. 그러나 오랫동안 좌선도 하고 염불도
하고 심고도 모시고 또한 유무념 대조 공부를 하는 등의 적공을 올리
면 원숭이처럼 날뛰던 마음이 가라앉고 질서가 잡히어 마음이 자신

의 뜻대로 움직이게 되지요.

그러다 보면 자기 자신의 본래 마음을 대강 짐작하게 되고 분별심이 무엇인가도 알게 되며 또 더욱 정진하여 나아가면 삼세제불이 어떻게 하여 부처가 되었는가 하는 등의 화두에 관심을 갖게 됩니다.

그래서 일원상 마음이 무엇인가, 참 마음이란 어떤 것인가, 가장 행복한 극락 마음이란 무엇인가에 대한 의두가 생깁니다. 그 의두를 지니고 오랫동안 알려고 적공을 들이면 드디어 자기 본래 마음을 알게 됩니다. 아는 것도 한번에 아는 경우도 있지만 여러 번 '아! 이것이 참 마음이로구나' 하는 식으로 여러 차례 반복하다 보면 더이상 의심할 수 없는 본래마음을 터득하게 됩니다. 이것을 견성이라고 합니다. 자신의 본래 마음인 성품을 알았다 또는 느껴보았다는 것이지요.

본래마음은 적적 성성한 마음, 고요하되 분별이 역력한 마음이지요. 텅 빈 마음이로되 살아서 생생한 빈 마음입니다. 그런데 이 마음을 알고 나서는 공부를 다 했다고 생각하여 인과와 계율을 무시하고 참회공부를 하지 않는 경우가 있습니다. 그러면 결국에는 큰 공부를 못하고, 잘못하면 참회를 소홀하게 여겨서 밖으로 죄를 짓는 경우가 생기게 됩니다.

견성이란 어떤 의미에서는 참 공부의 시작이라 할 수 있습니다.

비록 부처님과 똑같은 본래 자기 마음을 알았다고 하더라도 오욕경
계를 만나면 그 본래 마음을 지키기가 어렵습니다. 알기는 하더라도
과거의 습성을 단번에 고치기는 어렵기 때문이지요. 그러므로 견성
을 하고 나서 그 마음을 동정간에 잘 지킬 수 있는 양성(養性)공부를
집중적으로 하여 죄악의 뿌리인 삼독심을 제거하여야 드디어 죄악
을 벗어 날 수 있는 것입니다.

양성공부란 밖으로는 요란하게 하는 경계, 어리석게
하는 어두운 경계, 나의 마음을 그르게 하는 경계에 조금
이라도 물들거나 동조하지 않고 본심 그대로를 지키는 것
이며 안으로는 일어나는 잡념, 욕심 등을 소멸시켜서 본
래의 불성(佛性) 그대로를 상실하지 않는 공부입니다. 그
래서 선악경계나 증애의 모든 경계가 평등한 한 맛[平等
一味]이 되도록 하는 공부이지요.
그러므로 참다운 견성 공부를 한 사람은 동정간에 그 마음을 한
결같이 지키도록 적공을 하여야 합니다.

그리고 또 어느 때나 무심한 마음이 되었다 하더라도 난마(亂
麻)와 같이 얽혀 있는 세간 중에 처하여 어떤 것이 정의인가, 어떤 태
도가 중도인가, 어떤 것이 순서에 합당한가, 무엇이 나도 이롭고 저
사람도 이로운가 등을 판단하기는 쉽지 않습니다. 그러므로 견성 이

후에 우주의 이치와 인간의 시비이해의 원리인 인과보응(음양상승)이 되는 진리를 깨닫지 못하면 부처님의 여래행, 중도행을 할 수가 없습니다.

금강경에 '무위법(無爲法)으로 이유차별(而有差別)이니라'는 말씀이 있습니다. 즉 설사 무위법을 알아서 그것을 잘 보존하여 일이 없는 도인[無事人]이 되었다고 해도 공부가 다된 것이 아니요, 차별법을 공부하여서 일체중생을 제도할 때에 그에 알맞은 차별을 사용해야만이 성불이 된 것입니다.

부처님이나 공자님께서는 중생들에게 그 자비와 인을 베푸실 때에 상대에게 적합한 자비를 베푸시고 그 사람에 알맞은 설법을 하셨습니다. 이는 그분들께서 세상의 변화하는 이치 곧 우주가 음양상승으로 변화하는 원리를 터득하셨기 때문에 가능한 것입니다.

그러므로 견성 이후에도 양성공부를 해야 하며 또한 마음을 내서 작용할 때에 이치에 알맞은 마음을 발현토록 하는 인과 이치(음양상승되는 공부)공부를 하여야 하며 나아가 그 인과의 이치를 응용하여 판단하고 실천하는 솔성(率性)공부를 하여야 하기 때문에 견성 좀 했다고 하여 공부를 중단하거나 더욱이 참회공부를 소홀히 해서는 결코 안 되는 것입니다.

다시 강조한다면, 견성을 하였다고 하여도 인과를 깨달

은 것이 아니요 양성과 솔성이 된 것도 아니기 때문에 전
생의 악습이 남아 있을 수 있으며 또한 혹 전생에 잘못하
여 그 업력이 밀려오면 아직 그것을 대처하는 능력을 길
들이지 못하여 다시 윤회의 고통을 받을 수밖에 없는 것
이니, 견성만으로 공부가 다된 듯이 게송이나 짓는 등 수
도를 경홀히 해서는 결코 안될 것입니다.

(5) 성불(成佛)을 하였어도

말세의 수도인은 진리를 대각하지 못했기 때문에 부처가 되면
업보를 면할 수 있다고 생각하는데 그것은 진리를 잘 모르는 미숙한
생각입니다.

업보에는 두 가지가 있습니다.

하나는 내가 나에게 습관을 들여서 저장해 놓은 자기
업입니다.

예를 들면 탐욕심을 많이 내서 습관을 들였다든지 또는 화를 잘
내는 습관을 들였다든지 또는 거짓 마음을 자꾸 반복하여 습관들였
다든지 또는 음탕한 마음을 전생에 많이 내서 그것이 마음에 저장되
었다든지 또는 기질이 완강하여 거칠은 성미를 지녔다든지 하는 것

등인데 이런 자기업은 대각을 하면 자성의 혜광(慧光)으로 녹여내기
가 용이하여 소멸시켜나갈 수가 있습니다

　　다른 하나의 업은 내가 선악간에 행동하여 그 손해나
이익을 다른 사람이 받았을 때 그들의 마음속에 심어진
정업(定業)입니다.

　　이러한 정업은 업을 행사할 권리가 나에게 있지 않고 상대에게
있기 때문에 설사 부처님이 되셨다고 해도 상대의 보복심 따라서 어
쩔 수 없이 받을 수밖에 없습니다. 물론 부처님께서는 크신 능력이
있으셔서 줄여서 받거나 시기를 조절하는 등으로 받으실 수는 있으
나 완전히 소멸되지는 않는다고 하셨습니다.

　　육조스님은 부처님과 같은 법력을 지닌 분이였는데, 육조스님
과 상대를 지어 반목하던 신수화상(神秀和尙) 문하의 제자 가운데
장행창(張行昌)이라는 설익은 스님이 어느 날 육조스님을 위해하기
위하여 스님의 침실에 잠입하였습니다. 그 날 육조스님은 이상한 살
기가 느껴져서 침소는 전처럼 그대로 두고 옆에 숨어 있었습니다.
행창이 칼로 스님을 위해하려고 하니 육조스님은 "내가 전생에 너에
게 돈 열 냥의 빚을 진 일은 있으나 너에게 죽임을 당할 만한 업보는
없으니 네가 나를 죽일 수는 없다. 그러니 열냥 빚을 받아가거라" 하
시면서 돈 열냥을 행창에게 건네 주셨습니다. 행창이 육조스님의 법

력을 크게 느끼고 잘못을 뉘우치며 제자되기를 소망하여 나중에 스님 밑에 와서 공부하여 큰 공부를 이루고 이름 있는 제자가 되었다고 합니다.

이처럼 내가 다른 사람에게 지어 놓은 정업(定業)은 성불을 하여 부처님과 같은 법력을 지녔다고 하여도 완전히 소멸되는 것이 아니므로 부처님이라도 과거에 지어놓은 정업이 돌아올까 조심하고 정업이 돌아오면 달게 받고 그 원수를 은인으로 만들도록 공을 들이는 것입니다.

그러므로 남에게 지어놓은 선악간의 정업은 누구나 받을 수밖에 없는 이치를 알아서 남에게 악업을 짓지 않으려고 노력해야 합니다. 또 어쩔 수 없이 지어놓은 것은 받을 때에 줄여 받도록 하고 또한 받으면서 오히려 새로운 선연을 짓도록 노력해야 하는 것입니다.

무문관(無門關)이라는 선서(禪書)에 보면 '백장야호(百丈野狐)'라는 화두가 있습니다. 백장스님이 설법을 하시면 한 노인이 와서 열심히 법문을 듣곤 하더니 하루는 백장스님에게 말하기를 자기는 사람이 아니라 여우라고 하는 것입니다. 그리고 원래 자신은 아주 옛적에 큰스님이었는데 한 제자가 와서 "수도를 아주 잘한 사람은 인과에 떨어지지 않습니까"라고 질문하여 "인과에 떨어지지 않는다(不落因果)"라고 대답하였더니 진리를 잘못 가르쳤다고 하여 그 과보로 500생이라는 긴 세월 동안 여우보를 받게 되었다고 하더랍니다. 그러면서 "내가 그때 어떻게 대답했어야 옳은 것입니까" 하고 백장스님에게 물었습니다. 그러니 백장스님이 "수도를 잘한 사람은 인과에 매하지 않지(不昧因果)"라고 대답해주니까 그 여우 노인이 크게 깨닫고 "이제 나는 여우 몸을 벗어났습니다." 하고 예를 올리고 떠났는데 며칠 후 뒷산에서 여우 시체가 발견되었다고 합니다.

아무리 정각을 한 대수도인이라도 인과의 이치를 밝게 알아서 그에 순응하거나 활용은 할 수 있을지언정 인과업보를 벗어나서 살 수는 없는 것입니다.

4. 참회(懺悔)의 방법

참회의 방법은 두 가지가 있으니, 하나는 사참(事懺)이요 하나는 이참(理懺)이라, 사참이라 함은 성심으로 삼보(三寶)전에 죄과를 뉘우치며 날로 모든 선을 행함을 이름이요, 이참이라 함은 원래에 죄성(罪性)이 공한 자리를 깨쳐 안으로 모든 번뇌 망상을 제거해 감을 이름이니 사람이 영원히 죄악을 벗어나고자 할진대 마땅히 이를 쌍수하여 밖으로 모든 선업을 계속 수행하는 동시에 안으로 자신의 탐·진·치를 제거할지니라.

지금까지 우리는 참회의 원리와 참회를 해야 하는 이유와 그리고 잘못된 참회에 대하여 공부를 하였습니다. 지금부터는 참회는 어떻게 하여야 하는가에 대한 공부를 하고, 나는 그동안 어떤 참회를 하여 왔으며, 그것을 어떻게 보완하여야 참다운 참회를 하여 영원히 죄업으로부터 자유로울 수 있을 것인가를 공부하도록 하겠습니다.

참회를 하는 방법은 크게 두 가지가 있습니다. 하나는 사참(事懺)이요, 하나는 이참(理懺)입니다.

사참공부는 지금까지 악업을 지어왔던 자기의 삶을 돌아보고 잘못을 뉘우치며 새로운 각오로 그 악업 짓는 일을 과감하게 끊어버리고 선업을 짓는 행동을 하는 것이요, 이참공부는 죄업을 짓는 원리를 깨달아서 죄가 없는 마음에 거주할 줄 알고 또한 죄업의 뭉치인 탐 · 진 · 치를 제거하는 공부입니다.

그러므로 사참공부는 밖으로 사은 당처인 그 대상에게 선행을 하여 복을 짓는 것이니 불공공부에 가깝고 삼학에 있어서는 작업취사 공부에 해당한다면, 이참공부는 안으로 죄의 근본원리를 깨달아서 죄업으로부터 해탈하는 공부를 하는 것이니 수도를 하는 것에 가깝고 삼학공부에 있어서는 사리연구와 정신수양 공부에 해당한다고 할 수 있습니다.

이제 좀더 구체적으로 알아보기로 하겠습니다.

(1) 사참(事懺)에 대하여

사람이 살아가다가 어떤 실수를 하였을 때 또는 손해를 보거나 못 당할 수모를 당했을 때, 보통사람은 상대를 욕하고 재수가 없다고 생각하며 사회구조를 원망하고 위정자를 탓하면서 자신의 억울한 감정을 해소합니다. 그리고 다시 그런 일이 생기면 또 다시 실수하고 손해를 입고 못 당할 수모를 당하는 생활을 반복하면서 살아갑니다.

그러다가 어떤 계기로 독서를 한다든지 성자의 말씀을 듣는다든지 하여 어떤 자각이 생기면서 자기의 인생을 돌아보고 심각하게 고민을 하는 경우가 있습니다. 또는 대단히 자존심 상하는 일을 당하여 그것을 계기로 자신이 실수하게 된 원인이 무엇인가를 곱씹어서 생각하고 그것을 반복하지 않으려고 노력하는 경우도 있습니다. 그리고 좀더 속 깊게 인생을 생각하고 이치를 생각하는 등의 고민에 빠져서 종교의 문에 들게 되고 거기에서 많은 법문을 듣고 믿음이 생기고 또한 교리를 알아서 실천하는 생활을 하게 되면서 참회수도를 시작합니다.

물론 어려서부터 종교의 문에 귀의하여 믿음과 실천을 권장하는 분위기에서 살다가 우연히도 자기 자신이 죄업에 쌓여서 살고 있음을 발견하여 새로운 삶을 결심하고 참회수도를 하는 분도 있지요. 그리고 근기가 수승하여 저절로 죄업의 두려움을 알고 선업의 생활을 착수하여 참회수도하는 분도 있습니다.

중요한 것은 참회에 대한 굳은 결심을 해야 하는 일입니다. 자기의 삶이 얼마나 위태하고 죄짓는 수렁에서 허우적거리는 삶을 살고 있는가를 알아서 새로운 삶, 범부의 생활에서 불보살의 삶으로 전환하려는 일대 결심을 세우는 것이 중요한 것입니다.

내가 잘못을 하여 놓고는 타력에 의해서만 구원을 받을 것이라는 막연한 신앙생활로는 죄악으로부터 완전히 벗어날 수가 없습니다. 어린아이가 잘못을 저질러놓고는 울면서 부모에게 떼를 쓰면 부모가 위로하여 주고 해결해 주는 경우가 있는데, 이와 같은 방식의 믿음만으로는 일시적인 위로는 얻을 수 있겠지만 죄악으로부터 완전히 벗어 날 수는 없는 것입니다.

그러므로 자기가 지은 죄업은 자기가 받아야 하고 완전한 해결은 스스로 할 수밖에 없음을 알아 실수를 반전할 만한 근본적인 대결심을 하는 것으로부터 참회는 시작되어야 합니다.

사참(事懺)이라고 하는 것은 나의 성격, 나의 주변 환경을 깊이 반성하고 나를 바루지 않으면 죄악을 벗어날 수가 없음을 확실하게 깨달아서 새롭게 살기로 결심하는 것입니다. 그리고 구업(舊業)을 청산하고 새 생활, 진리적인 생활, 복전의 생활을 실천하는 것입니다.

중생들은 벌 받을 짓을 스스로 행하면서 죄복에 대한 아무런 자각이 없이 으레 그렇게 하고 사는 것이라는 생각을 합니다. 예를 들면 낚시질을 하는 것도 재미삼아 하고, 남들이 하니까 따라서 하고, 취미로 하기도 합니다.

살생을 취미삼아 하는 것이 죄업임을 깨달아 아무리 하고 싶어도 과감하게 끊어버리고 복을 짓는 취미로 돌리는 것이 사참입니다.

① 고백(告白)의 사참(事懺)

사실 부처가 아니면 거의가 죄인이며, 벌을 받고 괴로워하면서 살아가는 것이 인생입니다.

연말이 되어 지나간 한 해만 돌아보아도 뻔히 알면서도 욕심 때문에 잘못을 저지른 일이 많았음을 알 수 있습니다. 그리고 그렇게 잘못하여 놓고도 사과도 하지 않고 때로는 내가 잘했다고 하면서 다른 사람에게 죄를 덮어 씌운 경우도 있지요. 그리고 또 곰곰이 생각해보면 나도 모르게 한 실수가 남에게 피해를 끼친 경우도 있습니다.

또 몸과 말로는 직접적으로 상대에게 피해를 끼치지 않았지만 마음속으로 심하게 미워하고 원망하는 마음을 냈다면 그것도 역시 원망하는 기운이 독기가 되어서 남의 앞길을 막을 수가 있으니 죄업을 지은 것입니다.

또 내가 직접 상대를 향하여 해악을 끼치지는 않았지만 간접적으로 그 사람의 일이 잘못되도록 영향을 행사하여 손해를 끼친 경우가 있지요. 이런 경우는 숨어서 지은 죄가 되기 때문에 죄업 중에서도 중한 죄업이며 받을 때도 이유 없이 당하는 벌이되지요.

또 나 혼자만이 아니라 친구나 동료 또는 가족이 함께 힘을 합하여 상대를 공격하고 궁지에 몰아서 재산에 피해를 주거나 명예를 훼손하거나 심지어 생명을 앗아가는 경우도 있습니다. 이런 경우에 내가 주도하여 다른 사람을 부추기는 경우도 있고, 다른 누가 주도하고 내가 함께 하는 경우도 있지요. 이때의 과보는 물론 정도에 따라 다를 것이나 죄를 지은 것은 분명하며 그 죄의 경중에 따라서 엄정한 벌을 받을 것이 틀림없습니다.

알면서도 욕심 때문에 죄를 짓거나, 모르고 실수로 죄를 짓거나, 마음속으로만 죄를 짓거나, 간접적으로 죄를 짓거나, 아니면 여러 사람과 공동으로 죄를 짓거나 간에 그에 상응하는 벌을 받게 될 수밖에 없습니다. 왜냐하면 이 우주에는 죄 지으면 벌을 주고 복 지으면 복을 주는 음양상승의 이치가 있기 때문입니다. 이 우주에 존재하는 모든 것은 이 진리의 그물을 벗어날 수가 없습니다.

이 진리를 알고서 죄 지은 것을 생각하면 걱정이 태산 같을 수밖에 없을 것입니다. 요즈음 신문지상에서 보면 사회적으로 굉장한 위치에 있는 사람이 조그마한 뇌물을 받고 그 명예가 한없이 깎이는 경우도 있고, 죄 값으로 깊은 병고에 시달리는 사람도 있고, 깊은 죄 값으로 얼굴을 들 수도 없는 수치의 벌을 받는 경우도 있고, 남의 가슴을 아프게 하여 가슴앓이를 하는 벌도 있으며, 교도소에 갇혀 자유를 잃고 고통을 받는 사람도 있습니다.

지은 죄는 반드시 벌로써 돌아온다는 것을 자각하고, 어떻게 하면 벌을 줄여 받을 수 있으며, 어떻게 하면 내가 보다 좋은 환경에 처해있을 때 벌을 받을 수 있을 것인가를 생각해 봅시다.

가장 좋은 방법은 먼저 손해를 입힌 상대를 찾아가서 잘못을 고백하고 그 손해를 보상해 주는 일입니다. 물론 이렇게 한다고 해서 죄가 완전히 소멸된다고 할 수는 없습니다. 그러나 거의 소멸되었다고 볼 수는 있지요.

그런데 어떤 사정 때문에 상대를 찾아가서 고백하지 못하는 경우도 있습니다. 예를 들면 그 상대가 이미 사망한 경우도 있고 또는 손해를 입힌 대상이 한두 사람이 아니고 많은 사람일 경우도 있습니다.

그럴 때는 법신불 전에 나아가서 죄 지은 사유를 설명하고 잘못을 진심으로 뉘우치며 그 상대를 위하여 축원기도를 올리는 것이 좋겠습니다. 그리고 스스로 죄값을 달게 받을 것을 맹세해야 합니다.

이렇게 진정한 마음으로 진리 전에 고백의 사참을 하면 진리는 서로 통하는 것이라 나의 간절한 기도의 마음이 사무쳐서 그 사람의 마음에 전달이 되어 어쩐지 용서하는 마음이 생기는 것입니다.

이것은 삼보 중에 불보(佛寶), 곧 법신불 전에 올리는 참회기도이지요. 이 경우에는 참으로 간절하고 사무치도록 해야만 상대의 가슴에 전달이 되는 것입니다.

요즈음은 무선전화가 나날이 발전해가고 있습니다. 이제 얼마 가지 않으면 음성뿐만 아니라 화상까지도 서로 보면서 통화하는 휴대폰이 실용화된다고 하는데, 이것을 보면 이 세상 만물은 서로 간격이 없이 전파에 의하여 통하고 있음을 실감합니다.

마찬가지로 사람의 염력(念力)도 마음과 마음이 통하는 것이므로, 법신불과 나와의 간격을 없애고 무선전화처럼 통하도록 늘 기도를 하면 법신불은 반드시 응답을 하여 내가 지은 죄를 줄여 주실 것입니다.

무선전화나 공중파방송은 코드가 맞으면 서로 통합니다. 가령

방송국 호출부호만 맞추면 서로 통하지요. 마찬가지로 인간이 간절한 마음으로 법신불 전에 참회기도를 올리면 나와 법신불과 코드가 생겨서 정확하게 전달이 되고 응답도 빨라서 죄벌이 가벼워질 것이 분명합니다.

또 성직자에게 고백의 사참을 해야 합니다. 이것은 승보(僧寶)전에 사참을 하는 것이며 또한 법보(法寶) 즉 경전에 담겨 있는 지혜를 빌려서 죄업으로부터 멀어지게 하는 방법입니다.

앞에서 말한 것처럼 죄 지은 것을 낱낱이 사유를 밝혀서 진리불 전에 고백기도를 올리고, 법이 높은 교무님이나 스님이나 성직자에게 나아가 자기가 저지른 잘못을 고백해야 합니다. 고백을 할 때에는 성직자라도 반드시 남의 비밀을 지켜 줄 수 있고, 죄 지은 원인과 결과와 또 앞으로 어떻게 해야 할 것인가를 지도해 주실 수 있는 분에게 해야 할 것입니다.

우리도 잘못한 것을 누구에겐가 털어놓으면 마음이 후련해지는 것을 느낍니다. 죄 지은 사람이 죄책감이 지나치면 자포자기의 감정에 빠질 수도 있고, 그 죄책감으로 인하여 다른 일에 방해가 되어 소극적이고 우울한 생활을 하게 될 수도 있는데, 성직자에게 고백을 하면 정서적으로 용서받는 심정이 되어서 새로운 선행을 적극적으로 할 수가 있고, 고백함으로써 구업은 점점 멀어지고 신업은 짓지 않는 계기가 될 수 있습니다.

그러나 성직자에게 죄를 고백하였다고 해서 죄지은 것이 소멸된다는 것은 잘못된 생각입니다. 왜냐하면 내가 남에게 지은 것은 그 사람만이 나에게 벌을 줄 수 있는 권능이 있기 때문입니다.

다만 고백을 한 그 성직자가 만일 출중한 법력이 있다면, 죄업을 지을 수밖에 없었던 원인과 앞으로 죄업을 짓지 않으려면 어떻게 살아야 한다는 가르침을 받을 수 있으므로 그분의 출중한 지혜를 빌리는 것이 되며, 또한 그 성직자가 죄 지은 사람의 벌이 다소나마 소멸되도록 빌어 준다면 죄 지은 사람에게는 구원의 커다란 힘이 될 것입니다.

② 보상(報償)의 사참(事懺)

사람은 태어나서 교육을 받고 성인이 되면 생업을 가지고 의무와 책임을 이행하게 됩니다. 그런데 이 직업이라는 것이 자기의 영생에 선악을 지어 가는 중요한 계기가 됩니다. 일시적으로 실수를 저지른 것은 그 벌 또한 일시적으로 나에게 다가왔다가 곧 사라질 수가 있습니다. 그러나 직업으로 인한 것은 긴 시간 반복하여 잘못을 저지르기 때문에 그 고통도 영원하여 또한 벗어나기가 어렵습니다.

살생하는 직업을 선택할 수밖에 없어서 어업이나 도축업 또는 농약과 같은 것을 제조 생산하여 많은 곤충을 죽이게 하는 경우가 있지요. 변호사업이 화려한 것이지만 오직 자신의 돈벌이만을 위하여 남을 이기려고만 한다면 알지 못하는 가운데 죄업이 쌓일 수도 있겠지요. 정치인들이 국가를 위하여 노력하는 것이 사실이지만 일의 잘잘못을 가리기보다는 상대를 이기려고만 작정하여 모함하거나 침소봉대하여 남을 피해 주는 경우가 있다면 상대에게 앞으로 그에 상응하는 벌을 받게 될 것입니다.

이렇게 자기 직업이나 실수로 많은 대중에게 어느 방향으로든 죄업을 지었다면 죄업을 지었던 그 방향으로 그들에게 보상을 하여 줌으로써 참회를 하는 것이 좋습니다.

가령 예를 들자면 자신이 어떤 이유에서든지 부모님께 불효를 하였다면 그 과보로 정당한 부모를 만나기가 어렵거나 또는 부모의 사정으로 태아를 거절하는 환경에 처할 수도 있으며 부모에게 구박받는 자녀로 태어날 수도 있을 것입니다. 그러므로 응당 불효했음을 깨달은 즉시 효행을 하여야 하겠지요. 이때 못다한 효를 어떻게 보상해드려야 할 것인가를 깊이 생각하여 보상하는 사참을 해야 한다는 것입니다. 이미 부모님이 돌아가시고 계시지 않더라도 이웃의 노인들을 부모처럼 모신다든지 친척 중에 부모의 연세가 된 분을 부모처럼 섬긴다든지 하는 것이 불효에 대한 보상참회가 될 것입니다.

보상참회의 방법은 성직자에게 고백의 사참을 할 때에 물어서 선택할 수도 있고 자기 자신이 법보(法寶) 즉 경전을 탐독하여 보상참회의 방법을 깨달아서 할 수도 있을 것입니다.

가령 물고기를 잡아서 팔고 죽이는 일을 직업으로 해서 그 이익을 자신과 가족만을 위하여 사용한다면 그 과보는 틀림없이 자신과 사랑하는 가족에게 닥쳐올 것입니다. 그래서 다음 생에 단명보를 받을 수도 있고 불치의 병에 걸려서 오랜 시간을 병고에 시달리게 될 수도 있습니다. 똑같은 병이 나서 똑같은 환경과 약으로 치료하여도 바로 회복이 되는 사람이 있는가 하면 병이 치료가 되지 않고 장기적으로 앓는 사람도 있는데 그는 반드시 전생에 살생을 과도하게 하여 그 과보가 병고로써 오는 경우이지요.

이처럼 어쩔 수 없이 선택한 직업으로 살생의 업을 쌓을 수밖에 없다면 그 이익은 가족만을 위하여 쓰지 말고 반드시 다시 생명을 살리는 곳에 나누어 쓰거나 아니면 생명을 존중하는 일에 일생동안 특별히 봉사하는 등으로 보상참회를 하여야 한다는 것입니다.

가끔 일본에 뜻이 있는 지성들이 한국민에 대하여 특별히 겸손한 태도를 취하거나 한국에 와서 사죄하는 뜻으로 활동하는 것을 보면 그들이 보상참회를 하고 있다고 느껴질 때가 있습니다. 또 젊은 시절에 많이 읽었던 톨스토이의 '부활'에서 네퓨류토프 백작이 부리던 하녀인 카츄샤에게 죄를 지어서 그의 일생을 망치게 하였기 때문에 나중에 참회하여 먼 시베리아에까지 가서 참회 생활하던 것도 일종의 보상참회라 할 것입니다.

사람의 인격에 어떤 허점이 있어서 그로 인하여 죄를 지었다면 그 허점을 고치지 않는 한 영원히 그 부분이 인격의 결함으로 남게 되어서 또다시 그런 형태의 죄악을 범하게 됩니다. 그러므로 이것을 자각하여 반드시 그 방향에 보상되는 참회생활을 해야만 그 인격의 허점이 보완되어서 결함이 없는 원만한 인격이 됩니다.

그러면 이미 무지하여 죄를 지었거나 살생을 많이 하는 죄를 지어서 어느 생에서든 죄벌의 고통을 받게 될 때에, 지금 보상참회했던 복이 함께 오기 때문에 벌을 받더라도 복 받는 중에 받거나 또는 벌 이후에 바로 복이 오게 되어 심적으로 벌이 크게 고통스럽게 느껴지지 않고 쉽게 극복해 낼 수 있는 것입니다.

보상참회 가운데 대표적인 예가 다이너마이트를 발명한 스웨덴의 과학자 노벨의 경우입니다. 그가 발명한 폭약의 피해로 많은 생령들이 죽임을 당하는 고통을 받았으나 그에 대한 보상으로 인류의 평화를 존중하는 노벨상 제도를 마련하여 그 영향이 오늘날까지 전 세계에 널리 미치고 있으니 보상참회의 대표적인 예가 될 것입니다. 폭약 때문에 많은 생령들이 희생된 것보다 그 폭약으로 세상을 발전시키는데 사용하고 또 노벨상 제작으로 인류에게 평화의 정신을 일깨운 기여도가 크다면 벌은 적고 상은 많을 것이 아닌가 생각됩니다.

③ 봉공(奉公)의 사참(事懺)

세상 사람들 말에 작은 도적은 잡혀서 교도소에 가고 큰 도적은 오히려 대우를 받고 산다는 말이 있습니다. 잘못된 판단으로 전쟁을 일으켜서 많은 인명이 살상되는 원인을 제공한 위정자나 자신들의 이권 다툼으로 인한 전쟁에 갖은 술책으로 많은 군인을 무참히 죽여서 전공을 세운 장군들이 오히려 훈장을 타는 경우가 있습니다.

이러한 역사적 대죄를 지었거나 또는 마약을 제조하여 수많은 사람의 정신을 혼미하게 만들었거나 또는 자기 자신의 책임에 소홀하여 많은 사람들에게 손해를 입혔거나 해서 부지불식간에 큰 죄업을 지어놓은 사람들이 있습니다.

세상에는 성실하게 아무리 노력하여도 이상하게 모든 일이 잘 풀리지 않아 실패만 거듭하는 사람들이 있는데, 이런 사람은 사업에 대한 요령이 없어서인 경우도 있지만 전생에 큰 죄업을 지은 결과일 수도 있습니다.

사회적으로 선(善)을 특별히 권장하는 직장이나 단체가 있습니다. 교육기관이나 공익단체 등등이지요. 이러한 단체의 공적인 업무를 자기의 사욕 때문에 방해하거나 그런 단체를 말살하려 하는 것은 결국 사회적인 정의를 말살하는 결과가 되어서 큰 죄업이 쌓이게 됩니다.

또 성스런 성자의 도덕을 선양하는 종교는 오탁한 세상을 맑히는 도덕의 원천인데, 이런 종교 단체를 알지 못하고 방해하고 위협하는 행위는 사회 전체를 나쁘게 한 결과가 되므로 실로 대죄를 짓는 것이 됩니다. 이런 대죄업의 결과는 천벌을 받는 결과로 올 수가 있지요. 갑작스런 태풍 등 천재지변으로 인하여 많은 재산적 피해를 입거나 또는 생명을 잃고 가족을 잃어버리는 등의 큰 재앙을 받는 경우도 있으며 또는 오랜 생을 중병에 시달려야 하는 벌을 받는 경우도 있습니다.

이처럼 씻기 어려운 죄업을 지었다면 어떻게 하는 것이 좋을까요?

성심으로 법신불전에 기도의 사참도 하고 스승님의 법력을 빌리고 경전의 지혜에 힘입어서 하는 참회도 해야 하지만 한편으로 자기의 전 생애를 바쳐서 공익기관에서 무아봉공의 생활을 해야 합니다. 성스런 종교 문에 귀의하여 모든 대중을 위하여 크게 헌신하는 성직자들을 위하여 봉사활동을 하거나, 또는 가장 하기 어려운 일로 많은 대중에게 그 은혜가 미쳐 가도록 하는 대봉공의 사참을 해야만 그 천벌을 조금이라도 줄여 받을 수가 있으며 천벌을 받고도 즉시 선도 수생할 수도 있고 또한 긴 죄벌의 시간을 조금이나마 단축할 수도 있을 것입니다.

④ 사은불공의 사참(事懺)

사람은 누군가와 함께 더불어 살 수밖에 없습니다. 처음으로는 어머니를 만나 많은 은혜를 입고 다음으로 아버지를 만나고 형제와 친척을 만나고 자라면서 수많은 사람과도 만나고 그 외에도 수많은 동물과도 만나서 서로 주고받으면서 살아갑니다. 그런데 이때 서로 좋은 것만을 주고받으면 그 관계가 상생의 관계가 되지요. 상생이란 서로서로 도움이 되는 은혜의 관계, 즉 한쪽만 은혜가 생기는 것이 아니라 양쪽 다 은혜가 생기는 관계입니다.

그러나 은혜의 상생 관계라도 지금 서로의 이익 앞에서 어떻게 했느냐에 따라서 한쪽은 좋아지고 한쪽은 해로워질 수가 있습니다. 즉 상생의 관계가 상극의 관계로 변할 수도 있는 것이지요. 상극의 관계는 서로 서로가 해로움을 생산하는 관계입니다. 어쩔 수 없이 만나는 숙명적인 원수들의 만남으로 일의 결과가 서로 손해만을 보는 관계이지요.

이러한 상극의 관계라도 지금 그 사람을 만났을 때 내가 손해 보고 내가 희생하며 그를 좋게 대하여 그것이 오래 누적되면 결국에는 상극의 관계가 상생의 관계로 전환이 됩니다.

또 상생의 관계를 변하지 않고 오래도록 유지하여 상

생의 관계가 더욱 깊어 질 수도 있는데 이는 감사심을 가지고 서로서로 보은을 하며 서로 서로 상대를 부처님처럼 섬기는 불공을 하기 때문입니다.

그리고 상극의 관계가 계속 상극으로, 원수가 더욱 원수가 되는 경우도 있는데 이는 서로가 서로를 원망하고 그 마음을 놓지 못하고 계속 키워가서 그 원망심을 바탕으로 해서 상극의 행동을 하기 때문입니다.

그러므로 사참은 궁극적으로는 부모의 은혜를 깨달아 끊임없이 보은불공하고, 동포의 은혜를 알아서 동포에게 보은불공하고, 천지의 은혜를 알아서 그 도를 실천하고, 법률의 은혜를 알아서 그 도를 행하는 것입니다.

부모는 만사만리의 근본인 이 몸을 낳아서 키워서 가르쳐 주시니 그 한량이 없는 은혜를 생각하여 부모에게 끝이 없이 보은불공을 하고 자력이 없는 다른 부모도 위하면 부모와 나는 영원히 상생의 인연이 되어서 언제나 서로를 위해 주는 보은자가 될 것입니다.

또 우리는 수많은 동포를 만나 그들의 협력을 얻어서 살아가므로 동포가 없이는 살 수가 없을 것입니다. 그러므로 동포의 근본적인 은혜를 발견하여 항상 나도 이롭고 저 사람도 이롭도록 행동을 하며 나아가 동물에 이르기까지도 상생의 관계로 고쳐간다면 동포들로부터 영원히 은혜를 입는 사람이 될 것입니다.

또한 우리는 천지자연과도 깊은 관계를 주고받으면서 살아갑니다. 자연이라는 원천적인 환경에 따라서 우리들 삶의 의식이 형성되고 문화가 형성되고 습관이 형성됩니다. 자연환경이 열악한 곳에 사는 사람은 우울하고 폭력적일 수가 있으며 그 자연환경에 적응하는 사회를 만들고 살 수밖에 없습니다.

그러므로 인간과 자연과는 눈에 보이지는 않지만 서로 깊은 인과관계가 있는 것입니다. 따라서 천지자연이 우리 인간에게 얼마나 많은 것을 제공하여 주는가를 깊이 깨달아 자연을 상대할 때에 감사하는 마음, 자연의 섭리를 존중하는 마음, 경건한 심정으로 대하면 우리의 삶이 천혜를 입는 삶이 되지요.

그리고 우리들의 삶에는 사회질서를 지키는 법률이라는 것이 있습니다. 법률과의 관계를 서로 지키고 돕는 관계로 고쳐나가면 끝없이 법률의 지도와 보호를 받지만 법률을 무시하고 자행자지(自行自止) 한다면 법률로부터 보호를 받지 못할 뿐만 아니라 자유를 잃게 되는 생활을 하게 됩니다.

그러므로 부모와 동포에게 끊임없이 보은 불공할 뿐만 아니라 나아가 천지자연과 법률과의 관계도 상생의 관계로 고쳐나가고 계속 보은행을 하며 천지자연이나 무형한 법률을 부처님처럼 섬기는 것이 궁극적인 사참이라는 것을 자각하여 언제나 누구에게나 무엇에게나 감사하며 부처로 섬기는 달인된 사참생활을 하여야 할 것입니다.

(2) 이참(理懺)에 대하여

이참이라 하는 것은 죄짓는 원리를 깨달아서 죄업을 근본적으로 극복하는 것이며 죄짓는 심법 구조를 알아서 그 구조를 바꿈으로써 상극을 상생으로 악업을 선업으로 바꾸는 것입니다. 즉 사참이 밖으로 천지 부모 동포 법률의 사은(四恩) 당처 당처에 불공을 계속함으로써 미래의 복덕을 축적하는 것이라면 이참은 죄짓는 심법을 복 짓는 심법으로 그 구조 자체를 바꾸는 것입니다.

우주자연의 현상이나 사회현상 또는 나의 삶의 현상을 자세하고 깊게 살펴보면 그곳에는 그런 현상이 나타날 수밖에 없는 원인이 숨겨져 있습니다.

감기를 치료할 때 감기 균인 바이러스가 너무 다양하기 때문에 그 균을 없애는 치료보다는 그 균이 활동하지 못하도록 또는 열이 진

정이 되거나 몸이 힘을 축적하도록 쉬어 주는 치료를 하는데 이를 대
증요법이라고 합니다. 그런데 이러한 대증요법으로는 완전치료가
불가능하기 때문에 의료에 있어서 감기는 영원한 숙제라고 한답니
다. 즉 이처럼 대증요법도 중요하지만 감기를 일으키는 원인이 되는
균을 발견하여 없애야만 감기가 극복될 것입니다.

우리들이 살아가는 모습을 보면 어떤 사람은 괴로움에서 괴로
움으로 계속 들어가는 생활로 죄악에서 신음하고 있는 사람이 있는
데, 이때는 그 원인을 찾아서 그 원인치료를 해야만 이 죄악으로부
터 완전히 벗어날 수가 있는 것입니다. 그래서 모든 종교는 죄악의
근본을 규명하여 그것을 극복하도록 우리에게 가르치셨습니다.

기독교에서는 죄의 근본을 원죄라고 합니다. 인류의 조상인 이
브와 아담이 사탄의 유혹에 빠져서 선악과를 따먹는 원죄를 지었기
때문에 그 후손은 조상의 원죄를 유산으로 물려받아서 죄악을 지을
수밖에 없으며 그 원죄를 벗어나는 길은 오직 하나님의 은총을 받아
야 하므로 오직 하나님께 구원을 기도할 수밖에 없다는 것입니다.

유교에서는 우리는 본래 죄가 없는 본연지성을 모두 갖추고 있
는데 육체의 기질지성이 본성을 덮고 있으므로 모든 죄악을 유발하
게 된다고 하여 그 기질지성을 순화시키면 본연지성에 의하여 죄악

을 극복할 수가 있는데 그런 분이 바로 성자라고 가르칩니다. 그러나 그런 경우는 매우 드물어서 본래 태어날 때부터 기질지성이 강한 사람과 본연지성이 강한 사람이 있다고 합니다.

불교나 원불교에서는 본래는 죄가 없는 마음인데 그것을 알지 못하고 회복하지 못하는 무명 때문에 죄악을 짓게 되며 그 본래마음을 깨달아서 잘 지키고 활용하면 죄짓지 않는 생활을 한다고 가르칩니다.

서양 종교는 원죄로써 죄악을 설명하여 그 원죄를 풀어 주는 권능이 하나님께 있으므로 타력구원을 강조한다면, 동양 종교는 자기 자신의 수행으로 무명(無明)과 인심(人心)을 극복하면 죄 없는 삶을 살 수 있다는 구조를 가졌기 때문에 자력수행을 강조한다고 할 수 있습니다.

이 두 가지는 모두 일리가 있어서 이 두 가지를 겸하는 것이 죄업을 완전히 극복하는 방법이라고 생각합니다. 아무리 정치를 잘하고 경제가 좋아지고 문화가 발전한다고 하여도 인류의 영원한 숙제는 죄업으로부터 자유로울 수 있는가 하는 문제입니다. 이런 궁극적인 문제 때문에 종교가 있는 것이라고 생각합니다.

밖으로 정치나 경제에 우선하여 고통을 안겨 주는 죄업을 짓게 되는 원천적인 원리를 깨달아서 스스로 자기의 죄업을 극복하는 길을 찾아 실천하는 것이 바로 이참입니다.

① 견성(見性)의 이참(理懺)

죄가 없는 땅이 있습니다. 모든 고통이 없는 곳이 있습니다. 그것을 우리는 '불심(佛心)'이라고 말합니다. 또는 '자성(自性)'이라고도 합니다. 그곳을 천국이라고도 합니다. 우리들 마음나라에는 고뇌(苦惱)와 번민(繁悶)을 다 초월한 극락자리가 있습니다. 선이니 악이니 하는 모든 분별과 시비를 다 초월한 절대적인 지선(至善)의 자리가 있습니다. 그것을 깨달은 것을 견성(見性)이라고 합니다.

성(性)이라는 글자는 마음심(心) 옆에 날생(生) 자로 마음이 나오는 곳을 뜻합니다. 마음이란 옳고 그르고 좋고 나쁘고 하는 갖가지 생각인데, 그런 생각이 어디로부터 나왔습니까? 아무런 생각이 없다가도 까치가 지저귀는 소리를 들으면 "까치가 운다. 반가운 소식이 오려나 보다" 하는 생각이 나옵니다. 무엇이 있어서 경계를 맞이하면 그 경계를 따라서 생각을 즉시 만들어 낼까요? 이런저런 생각을 만들어 내기 이전의 상태는 어떤 상태일까요? 한번 상상해 보십시오.

갖가지 생각 때문에 죄를 짓습니다. 가령 가난한 사람은 부자를 보면 괜히 미운 마음이 생긴다고 합니다. 얼굴이 못생긴 사람은 잘생긴 미인을 보면 질투심이 생긴다고 합니다. 이 미운 마음, 질투심이 발동하여 행동으로 나타나면 죄업을 짓는 것입니다.

그러므로 생각이 나오기 이전의 무심(無心)인 상태가 죄가 없는 마음상태이지요. 그래서 그 자리를 지극히 선[至善]한 자리라고 하고, 지극히 좋은 낙[極樂]이라고 합니다.

원불교 대종사님께서는 그 극락마음을 '적적성성(寂寂惺惺)한 마음'이라고 하셨습니다. 즉 지극히 고요하되 그렇다고 잠자고 있는 몽롱한 마음이 아니라 생생히 산 마음이라고 하셨습니다. 또는 그런 마음을 '참으로 비었으되 묘하게 있는 마음[眞空妙有]'이라고 하셨습니다.

이런 성품의 마음을 보아야[見性] 합니다. 여기서 본다는 것은 '안다' 또는 '밝히다'는 뜻으로 생각할 수 있습니다. 이런 성품자리가 '죄성(罪性)이 공(空)하다'고 하셨지요. 이처럼 죄의 뿌리가 없는 그 자리를 알아야 죄를 짓지 않을 수가 있는 것입니다.

죄성이 공한 성품은 반드시 그 속에 온갖 이치를 모두 갊아 가지고 있습니다. 어제 내가 저 사람에게 미움을 당하였는데 오늘 그 사람을 보면 반드시 보복하고 싶은 마음이 나오고, 내가 언젠가 저 사람에게 피해를 끼쳤는데 오늘 그 사람을 만나면 미안한 생각이 나옵니다. 이런 현상이 모두 왜 그러냐하면 우리들 불성자리에는 인과의 이치가 있기 때문입니다.

내 마음에 선한 습관을 길들여 놓으면 선한 습관의 종자가 인(因)으로 심어져서 다음에는 더욱 쉽게 선한 행동(果)이 나타납니다. 반대로 내가 악한 습관을 종자로 심어 놓으면 다음에는 악한 짓이 쉽게 결과[果]로 나타나는 것입니다.

왜 이렇게 인과가 명료하게 나타나는가 하면 나의 죄성이 공한 그 자리에 인과의 이치가 내재(內在)하기 때문입니다. 우리는 누구나 양심이라는 것이 있어서 자신의 잘못을 자신의 양심이 심판을 하여 스스로를 괴롭게 만듭니다. 그 양심도 바로 자성자리에 이치가 내재하여 발동하기 때문이지요.

그러므로 죄성이 공한 그 자리를 터득하여 깨달을 뿐만 아니라 온갖 작용의 원리가 되는 인과의 이치까지 알아야 완전한 견성이라고 할 수가 있습니다. 이때 인과의 이치나 성품은 똑같은 하나인데 정적(靜的)인 면으로 말할 때는 성품이라고 하고 동적(動的)인 면으로 말할 때는 이치라고 말하기도 합니다. 그러나 이 두 가지를 똑같이 알아야 완전히 알았다고 할 수 있습니다.

　　비록 죄업이 없는 무심한 마음을 알아서 죄 없는 땅에 머물기는 하여도 한 마음을 일으켜서 선한 일을 하고 악한 일은 멀리하는 등의 변하는 이치를 터득하지 못한다면, 큰 복을 지을 수가 없고 악을 선으로 만들 수도 없으며 죄와 복을 초월할 수도 없습니다. 그러므로 성품과 인과를 다같이 알아야만 참다운 이참수행이 되는 것입니다.

　　무명(無明)이란 밝지 못하다는 뜻인데, 무엇에 대하여 밝지 못하다는 것인가요? 돈 버는 방식을 모른다는 것인가요, 아니면 과학을 모른다는 것인가요, 정치를 알지 못하다는 것인가요? 그것은 바로 진리에 어둡다는 것이지요. 진리란 우주를 운행하는 도리를 말하는 것인데, 천지간의 모든 사물이 그 범주에 들지 않음이 없고 그 지배를 받지 않는 사물이 없습니다. 그런 진리를 두 가지로 설명하는데 하나는 진리의 바탕이라고 하여 불생불멸한 진리라고 하며 하나는 변화시키는 원리로써 인과 보응의 이치라고 합니다.

　　이 두 가지, 즉 텅 빈 불생불멸의 마음과 변화하는 인과의 이치를 확실히 알아야 진리를 깨달았다고 합니다. 그러므로 진리를 모르는 것을 무명이라고 한다면 진리를 깨달은 것을 도명(道明)이라고 할 수 있습니다. 삼세의 모든 불보살이나 성자는 이런 진리를 깨달아서 스스로도 죄업을 짓지 아니하고 다른 사람에게도 죄 짓지 않도록 가르치는 것입니다.

② 개심(改心)의 이참(理懺)

우리들의 본래마음은 죄심이 없습니다. 순진무구한 마음의 상태입니다. 지선의 마음이며 극락의 마음이며 천국의 마음이지요. 이런 마음은 선악귀천이 없이 누구나 다같이 지니고 있는데, 선악의 경계 또는 좋고 싫은 경계를 맞이하여 한 마음 일으켜서 작용을 할 때에 그 처음 한 생각이 그 무엇에 의하여 발생하게 되는 것입니다.

예를 들면 우리들 마음바탕인 텅 빈 운동장에는 대개 네 아이가 놀고 있습니다.

첫째 아이는 육체의 영향을 받는 욕심이고
둘째 아이는 지금까지 습관을 들여온 습관심이고
셋째 아이는 참으로 중요한데 영혼의 지배를 받는
　　자아심이고
넷째 아이는 중생을 불쌍히 여기고 사랑하는
　　자비의 마음입니다.

이 네 아이가 있다가 운동장에 온 경계인 손님을 맞이하는데, 그 손님인 경계를 어떤 마음이 주가 되어서 맞이하느냐에 따라서 최초의 생각이 생산됩니다. 가령 경계를 욕심이 주가 되어서 맞이하면 쾌락의 생각이 나올 수가 있고, 잘난 척하는 습관심이 주가 되면 경계를 무시하는 생각이 나올 수가 있고, 자아심이 주가 되어서 경계를 맞이하면 소유하려는 생각이 나올 수가 있습니다. 그리고 자비심이 경계를 맞이하면 세상을 이롭게 하는 생각이 나오는 것입니다.

이렇게 바탕마음 위에 네 가지 기본적인 틀이 자리를 잡고 있다가 경계를 만나서 생각을 생산하는데, 이렇게 생산되는 생각을 계속 누적시켜서 사람마다 독특한 습관심이 누적되고 욕심이 누적되고 자아심이 누적되어 이것이 그 사람의 마음과 성격과 인격과 개성이 되는 것입니다. 그래서 어떤 사람은 욕심이 많다고 하고 어떤 사람은 이기심이 강하다고 하고 어떤 사람은 어떤 재능이 있다고 하는 등으로 평가합니다.

우리들은 그동안 수많은 전생을 살아오면서 다양한 경계를 맞이하여 다양한 생각들을 누적시켜 왔기 때문에 지금 현재 사람마다 개성이 다르고 재능도 다른 것입니다. 동물들도 자세히 살피면 그들의 영혼에 다양한 생각들이 누적되어 있어서 각기 특성이 다른 것이지요.

범부 중생이 누적시켜온 마음이 있고 수승한 인물들이 누적시켜온 마음이 있고 성자들이 누적시켜 온 마음이 있습니다. 대개 범부들이 누적시켜 온 마음은 죄를 짓기에 용이한 마음이고, 수승한 인격자는 복을 짓는 마음이 주가 되며, 성자들의 마음은 자유자재의 마음이 누적되어 있습니다.

범부들이 누적시켜 온 마음은 주로 탐욕심이 근간이 되어서 화를 내는 폭력의 마음과 자기의 이익만을 위하는 거짓된 마음입니다. 이것을 탐·진·치(貪瞋痴)라고 하며 이 마음이 악업을 일으키는 원천이 된다고 하여 삼독심(三毒心)이라고도 합니다. 또 이것이 진리를 가리어 어둡게 하므로 무명이라고 합니다.

수승한 인격자 보살들은 어떤 마음을 누적시켰는가하면 보시하는 마음, 공익심, 공부심, 신심 등으로 이런 마음은 주로 선업을 생산하는 마음입니다.

부처님이나 성자들은 자비심, 지혜, 해탈 등 정혜계(定慧戒)의 삼대력을 누적시키신 분들이십니다. 이것을 한마디로 하면 도심이고 도업(道業)이 되는 것입니다.

그런데 범부의 마음과 보살의 마음과 성자의 마음이 확연히 구별되는 마음이지만 현실적으로는 대부분 서로 섞여있는 경우가 많지요. 범부의 마음속에 보살의 마음이 섞여 있기도 하고, 범부의 마음에 성자들의 마음이 조금 섞여 있기도 하고, 보살의 마음에 범부와 성자들의 마음이 섞여 있기도 하지요. 그러나 성자의 마음에는 범부의 마음이 없고 보살의 마음 위에 성자의 마음이 있는 것입니다.

우리들 범부는 근원적으로 죄업을 생산하는 탐·진·치의 마음을 고치지 않으면 영원히 상극의 업과 악업을 짓게 되어 끊임없이 고통을 받는 삶을 살수밖에 없는 것입니다. 이는 마치 마음속에 냄새가 나는 물건을 감추고 있는 것과 같아서 아주 조심하여 밖에 나오지 못하게 하다가도 조금만 긴장이 풀어지면 언제나 주변에 악취를 풍길 수밖에 없는 것과 같습니다.

그러므로 범부나 보살은 결국 마음을 고치고 행동 하나하나를 고쳐나가서 부처님의 마음으로 바꿀 수밖에 없는 것입니다.

이런 말씀을 드리면 나 같은 중생이 할 수 있을 것인가 하는 생각을 하실지 모르겠습니다만 불가능이란 없는 것입니다. 모든 것은 변합니다. 악심도 선심으로 변할 수가 있고 선심도 악심으로 변할 수가 있는 것입니다. 이 세상 만물은 하나도 고정된 것이 없이 다 유전하여 시시각각으로 변화합니다. 변화하지 않는 것은 오직 세상만물은 모두 변한다는 그 원리만 변하지 않는 것입니다. 그래서 금강경에서는 무유정법(無有定法)이라, 즉 일정하게 정해진 것이 하나도 없이 모두 변한다고 하였는데 그 중에서도 가장 잘 변하는 것이 마음입니다. 마음이야말로 천의 얼굴, 만의 모양으로 끊임없이 변화하는 것이지요.

우리들은 선악호오(善惡好惡)의 다양한 경계를 맞이할 때 어떤 마음이 주가 되어 처음 생각을 일으키고 행동하는가를 매우 중요하게 여겨서 언제나 온전한 정신을 챙기고 한 생각을 일으킬 때마다 선심이나 도심이 주가 되도록 해나가는 것이 죄업의 근원된 마음을 고치는 참회공부인 것입니다.

마음 버릇, 몸 버릇, 입 버릇을 고치는 공부를 하지 않고는 죄업의 굴레를 도저히 벗어날 수가 없습니다. 마음공부를 하지 않고 상극과 악업을 벗어난다고 생각하는 것은 모래를 쪄서 밥을 짓는다는 것과 똑같은 말입니다.

마음 버릇을 하나하나 고쳐 나가기 위해서는 온전한 정신을 먼저 챙겨야 합니다. 이것을 우리들은 '공부심(工夫心)'이라고도 하고 '주의심(注意心)'이라고도 합니다. 자나 깨나 항상 공부심이 주가 되어야 합니다. 꿈에서도 온전한 정신을 챙기면 꿈도 정심이 될 수가 있는 것입니다. 이 온전한 정신이야말로 참회공부의 가장 근본공부이지요. 이 온전한 정신, 이것이 잘 길들여지면 영생의 보배가 되며 죄악을 벗어나게 하는 어머니가 되는 것입니다.

온전한 정신으로 자기 마음속을 살펴서 탐·진·치 마음이 일어나면 선심과 도심으로 전환해야 합니다. 우리가 남에게 잘 보이기 위하여 매일 거울을 보듯이 우리 마음도 늘 살펴서 그른 마음이 나오면 그것을 뽑아 지우고 고치고 하는 일에 매우 부지런해야 합니다.

생각은 경계를 따라서 나옵니다. 좋은 경계, 건전한 경계를 많이 만나면 아무래도 좋은 생각이 나오지요. 그러므로 선심을 일으키고 도심을 일으키게 하는 환경을 만드는 것이 중요한데, 바로 종교의 문에 귀의하여 성직자를 자주 만나고 성자들의 경전을 탐독하며 법회에 참여하고 공부하는 이들과 인연을 가까이 하는 등의 종교 활동이야말로 개심 참회의 중요한 방법입니다.

③ 삼매(三昧)의 이참(理懺)

우리의 본래마음은 순수하고 절대적인 마음 상태이지요. 이 마음은 죄심이 없습니다. 천국이며 낙원이요 부처의 세계이기 때문이지요. 바로 이 마음을 회복해야 합니다. 시간과 장소를 정해 놓고 그 시간에는 어김이 없이 선정삼매에 들어서 본래 마음에 귀의하고 그 마음에 사무쳐 있으면 그때가 극락이지요. 극락에는 죄가 없는 것입니다.

기독교에서는 원죄(原罪)에 대해 설명하기를 이브와 아담이 선악과(善惡果)를 따먹었기 때문에 부끄러움을 알게 되고 죄를 짓게 되었다고 합니다. 선이다, 악이다 하는 가치를 선택하는 마음이 생기면 그것으로 인하여 선과 악의 우열을 논하여 싸우게 되고 그러면 거기에서 선업 악업이 생기는 것이지요.

보통사람들의 마음속에는 남들과 비교하는 생각이 언제나 자리를 잡고 있습니다. 친구는 국장이 되었는데 나는 어떤가, 나는 돈이 많은데 저 사람은 그렇지 못하다, 친척 누구는 요즘 어떻다더라 하면서 늘 비교합니다. 바로 이 상대심(相對心)! 이것이 선업 악업을 짓는 장본이지요.

이런 상대하는 마음을 넘어서는 절대의 마음! 그것이 하나님 마음이며 천국입니다. 선악과(善惡果)를 소유하는 마음을 지니고 그것을 바탕으로 살면 결국 선업악업, 상생상극의 업을 짓고 그 업의 노예가 되고 그 업의 그물에 싸여서 부자유한 벌을 받게 됩니다.

이러한 선악업의 구속을 벗어나려면 어떻게 해야 하는가? 결국 선과 악을 초월한 지선(至善)한 자리에 마음이 항상 머무를 수 있는 공부를 해야 합니다. 이러한 공부를 '선정공부(禪定工夫)' 또는 '삼매공부(三昧工夫)'라고 하지요. 기도도 지극한 마음으로 올리다보면 자기가 빌고 있는 내용도 잊어버리는 물아(物我)가 구공(俱空)한 심정이 됩니다. 물론 처음에는 나의 죄를 벗어나게 해 주소서 하고 마음으로 염원하면서 빌지요. 그러나 그 마음이 지극하여지면 비는 마음도 돈망(頓忘)하는 지경에 이르기도 합니다. 그러면 그때가 극락이고 천국이지요.

좌선을 할 때 처음에는 단전에 마음을 머물고 호흡하는데 일심을 놓치지 않고 오래도록 하면 탐·진·치가 없는 죄성이 공한 절대의 무심자리에 머물게 되어서 삼매에 들게 되지요.

또 주문을 외우는 방법도 있지요. 죄업을 소멸시키려는 마음으로 '나무아미타불'이라든지 아니면 '청정주'나 '영주'를 간절히 열심히 외우면 염불 삼매에 들기도 합니다. 이때도 처음에는 염불하는 데 집중하지만 점차 소리에 집중하고 나중에는 입으로만 할 뿐 무아의 심정이 되어 염불을 멈추어도 한 마음 청정심에 그쳐 있는 경우가 있습니다.

조선시대에 사육신(死六臣)이 있고 생육신(生六臣)이 있는데 생육신 중에 '김시습'이라는 분이 있었지요. 세조께서 사육신을 사형시키고 병이 깊어져서 사육신의 원혼을 위로하고 천도해 주기 위해 사육신을 천도하는 제사를 올리게 되었는데 김시습 스님을 초청하여 설법하도록 하였다고 합니다. 김시습이 그곳에 가서 법문을 하는데 충성하다가 죽은 분을 먼저 위로하고 스스로 충성을 했다는 상(相)을 없애야만 무명 업장을 벗어나서 제도받을 것이라는 요지의 설법을 하였습니다. 이런 법문을 듣고 문무백관이 높은 법문을 들었노라고 칭송이 자자하였습니다.

그런데 김시습 스님이 웬일인지 식사도 하지 않고 급히 동학사에 돌아와서 법당에 들어가 열심히 몇 날 밤낮을 염불을 하고서야 나왔습니다. 그래서 옆에 있는 스님들이 그 연유를 물으니, 내가 법문하기는 충신이라는 상을 없애라고 했는데 오히려 나 자신은 내가 법문을 참으로 잘하여 문무백관을 제도하였다는 상이 들어서 그 상을 없애기 위하여 염불을 했노라고 하더랍니다.

우리들 마음에는 숙세의 갖가지 마음이 저장되어 있습니다. 그 마음이 삼독심이라는 독소로 마음속 깊이 숨겨져 있어서 나로 하여금 상극의 마음, 원한의 마음, 음탐의 마음을 일으키도록 하여 악도윤회를 하게 됩니다. 죄악의 뿌리가 되는 그 마음은 마음속 깊게 숨어 있다가 유사한 경계가 오면 바로 나타나서 그런 기분을 만들고 나를 정신 못 차리게 만듭니다. 이런 마음을 어떻게 해야 할까요? 생기는 대로 뽑아내야지요. 그리고 깊은 선정에 들고 삼매에 들고 하여 점점 업의 뭉치를 청정하게 해야 합니다.

원망심이 속 깊게 박혀 있으면 그 인연만 만나면 샘솟듯이 원망심이 튀어나옵니다. 그런 원망의 뭉치를 삼매로 녹여내야 합니다. 삼매정진이 아니고서는 죄심의 뭉치는 도저히 청소가 되지 않습니다.

요즈음은 세제가 많이 발달하여 어지간한 때는 곧 깨끗해집니다. 그러나 아주 찌든 때는 쉽게 지워지지 않아서 양잿물에 푹 담가

삶아야만 지워지지요. 그렇듯이 개심 참회로 마음을 고쳐먹어도 속 깊은 죄심의 뭉치는 개심이 잘되지 않습니다. 이런 죄심의 뭉치는 삼매의 이참으로 다스릴 수밖에 없는 것이지요.

④ 해탈 자유의 이참

보통 악업에 대해서는 그 업 자체가 나쁜 것이기 때문에 쉽게 고치지는 못하지만 고쳐야 한다고는 생각합니다. 그런데 선업은 그 업 자체가 좋은 것이요 가치가 있다고 생각하기 때문에 집착하는 경우가 있습니다.

희사심에 집착하여 남 주기 좋아하는 사람은 희사심이 없는 사람을 보면 그 사람의 형편은 생각지 못하고 비웃는 마음이 생깁니다. 희사심 자체가 나쁜 것은 아니지만 그 마음이 상이 되어서 죄심을 만드는 것이지요.

복을 많이 지으면 반드시 그 사람에게 복이 많이 옵니다. 그래서 전생에 부지런히 남에게 보시하여 생긴 내역은 모르고 현생의 부유함에 파묻혀 살다보면 점점 게으르고 이기적이고 남을 업신여기는 등의 죄심이 발동하지요.

이처럼 선업도 업은 업이기 때문에 그 마음으로 인하여 괴로운 죄업을 불러 올 수가 있는 것이지요. 그러므로 이러한 선업도 씻어내야 할 때는 씻어내고 사용해야 할 때는 사용하는 운용의 묘가 필요합니다.

　　그러기 위해서는 본래마음, 죄성이 공한 마음, 인과의 이치를 깨달아서 악업은 선업으로 고치고 상극은 상생으로 고치면서도 그 상생의 업과 선업에도 묶이지 않는 해탈 자재하는 도업공부를 해야 하는 것이니, 이것이 구경의 이참(理懺)공부라고 할 수가 있습니다.

　　우리들이 지니고 있는 손을 보면 잡고 놓는 것을 자유롭게 합니다. 잡을 때도 알맞게 잡고, 놓을 때도 아주 힘차게 뿌리쳐 버릴 수도 있고, 부드럽게 버릴 수도 있습니다. 성인이 되면 이처럼 자유롭게 손을 사용하는데, 어린이나 노인은 손놀림이 그렇게 자유롭지 못합니다.

　　마음도 원래는 손처럼 매우 자유롭게 운영할 수 있도록 구조가 되어있는데, 사람에 따라서는 자유롭지 못하여 무엇에 묶여 있거나 어느 곳에 정체되어 있거나 아니면 굳게 닫혀 있거나 아무런 방어도 없이 허허롭거나 하니, 이처럼 부자유하고 불완전한 마음을 지닌 사람이 범부중생입니다.

　　우리들이 많이 부르는 가곡 중 이런 가사를 가진 곡이 있지요.
　　"오가며 그 집 앞을 지나노라면
　　어느 새 나도 몰래 발이 머물고
　　오히려 눈에 띌까 다시 걸어도
　　되오면 그 자리에 서 졌습니다"

사랑하는 마음을 잘 표현한 가사이지요. 사랑하는 사람의 집 앞에 가면 마음이 자유롭지 못합니다. 또 미운 사람의 집 앞은 지나가기가 싫어집니다. 그것도 자유롭지 못한 마음이지요.

이 자유롭지 못한 마음이 주가 되어서 죄를 짓게 됩니다. 사랑에 집착된 마음 때문에 잘못 생각하고 잘못 판단하고 잘못을 저지르고, 미워하는 증오심 때문에 남을 결국 해치게 됩니다. 그러므로 어느 때 어떤 일을 당하여도 자유로운 마음을 가져야 그 일을 온전하게 처리 할 수가 있는 것입니다.

해야 할 일은 아무리 하기 싫어도 그 싫은 마음을 씻어내고 일을 하여 잘 성공시키고, 하지 말아야 할 일이면 아무리 하고 싶은 욕망이 있어도 그 욕망을 녹여내어 과감하게 버릴 수 있어야 자유로운 마음이 되는 것입니다. 착한 사람은 착한 것에 얽매이다 보면 큰일을 그르칠 수가 있고, 원리 원칙주의자는 그 원리 원칙 때문에 원칙 밖의 일을 분별하지 못하여 때를 놓치고 일을 그르치기도 합니다.

근래에 이야깃 거리가 되고 있는 중동국가의 이슬람 종파 가운데 일부 이슬람 원리주의자는 다른 종교를 인증하지 못하고 다른 종파를 인증하지 않고 그 종파가 지키는 교리에 집착하여 갖가지 분쟁을 일으키고 평화를 깨는 경우가 있다고 합니다. 이런 경우도 바로 작은 선[小善]에 얽매여 죄를 짓게 되는 것이지요.

　　그러므로 이참의 가장 궁극적인 것은 악업을 극복하여 선업으로 전환할 수 있으나 선업에도 악업에도 얽매이지 않고 그 일을 따라 자유자재로 운영하는 것입니다. 마치 쓰레기를 버리지 않고 다시 재생산하여 활용할 수 있는 능력과 같아서 선업 중에 다시 효과적인 선업, 한 사람에게만 하는 선업이 아니라 무량중생을 건지는 대 선업을 계속 지을 수가 있는 것이며 또는 이런 모든 선업을 시의 적절하게 운영하고 굴려서 세상을 구원하는 것이 이참의 달인이 사는 모습입니다.

(3) 사참과 이참을 쌍수

　　사참이란 삼보(三寶)인 법신불과 교법과 스승님께 귀의하여 그의 품안에서 밖으로 천지 부모 동포 법률의 사은전(四恩前)에 모든 선업을 계속 쌓아 가는 것입니다. 이참(理懺)이란 안으로 우주의 원리를 깨달아서, 선업과 악업의 본질을 분별하여 죄업은 짓지 않고 계속 선업을 지을 수 있는 능력을 길들이고, 실제적으로 죄심이 없는 극락을 지킬 줄 알며, 죄업을 소멸시킬 수 있는 법력을 단련하는 것을 말합니다.

　　밖으로 어떤 상대를 만나서 선업을 짓는 사참을 하려 할 때에, 무엇이 선업이며 무엇이 악업인가를 구분하는 이참의 지혜를 빌리지 않으면 참된 선업을 지을 수가 없고 또 아무리 사참을 하려 해도 속에서 불 같은 욕심이 발동하거나 원망심이 사무치면 그것을 자제할 수 있는 이참 공부가 아니고서는 되지를 않습니다. 그러므로 온전한 사참을 하기 위해서는 이참을 해야만 되는 것입니다. 또 안으로 이참을 하여 진리도 알고, 선업을 짓는 지혜와 자제력을 갖추었다고 하여도 상대를 만나서 당처에 직접 선업을 쌓지 않으면 이참의 실효가 나타나지 않는 것입니다. 마치 군인이 전쟁을 위하여 훈련을 철저히 받기는 하였으나 실제로 전쟁을 치르지 않고서는 아직 실전을 잘 치르는 병사라고 할 수가 없듯이, 이참으로 단련된 지혜와 자제력은 반드시 현실에서 사람을 상대로 직접 유익을 끼쳐서 복덕을 짓도록 해야만 확실한 실효성이 있는 이참이 될 것입니다.

사참은 삼학으로 말하면 작업취사에 속하고 이참은 사리연구 정신수양에 속하기 때문에 직접 당처를 만나서 작업취사도 하여야 하고 당처를 만나기 전에 준비공부로써 연구와 수양을 해야만 작업취사를 잘할 수가 있어서 이참과 사참은 반드시 함께 병행해야 합니다.

옛적에 인도에서 한 스님이 지혜가 중요하다고 생각하여 밖으로 선업을 쌓아 복을 짓는 일은 하지 않고 경전공부와 이치공부만 열심히 하다가 생을 마쳤답니다. 또 다른 스님 한 분은 복을 짓는 것이 중요하다고 생각하여 밖으로 열심히 선행 쌓는 일에만 주력하다가 역시 생을 마쳤습니다.

세월이 많이 흘렀습니다. 지혜는 아주 많은데 항상 가난하여 한 끼 식사를 걱정해야 하는 한 스님이, 어느 날 길을 가다가 온갖 장식을 한 코끼리의 행차를 보았습니다. 물론 좋은 음식만 먹고 많은 사람들의 시중을 받고 있는 코끼리는, 많은 사람들로부터 부러움을 사고 있었습니다.

과거 생에 지혜는 닦지 않고 복만 지은 그 스님이 이 생에 임금을 모시는 코끼리가 된 것이고 자신은 과거에 복은 짓지 않고 지혜만 닦은 스님이었던 것이지요. 그래서 그 스님이 크게 깨닫고 본인도 복을 짓기에 노력하고 코끼리도 제도하였다고 합니다.

우리 교리도를 보면 한쪽은 복문을 열어 주는 사은불공(四恩佛供)이 있고 한쪽은 지혜의 문을 열어주는 삼학팔조(三學八條)의 선(禪)공부가 있습니다. 밖으로 사은불공을 하는 것은 사참이요, 안으로 삼학의 선공부는 이참공부가 됩니다. 이 두 가지는 인생에 있어서 지혜와 복덕의 두 수레바퀴와 같은 것이기 때문에 반드시 선과 불공, 이참과 사참을 함께 닦는 것이 완전하고 신속하게 죄업을 선업으로, 상극을 상생으로, 죄고를 극락으로 바꾸는 첩경임을 알아야 하겠습니다.

　이참공부에 오래오래 정성을 들이면 동할 때나 정할 때나 한결같은 그 한 마음이 되어 항상 삼매를 이루게 되지요. 그래서 어떤 일을 당하여도 자성을 떠나지 않고 그 일을 하므로 언제나 삼매를 이룬다 하여 '백천삼매(百千三昧)'라고 합니다. 그리고 이와 같은 이참의 달인이 되면 모든 사물을 대할 때 특별히 더 좋고 나쁘고 예쁘고 밉고 하는 등 분별하여 간택하는 마음이 없이 모두를 부처님으로 대하므로 '평등일미(平等一味)'가 되는 것이지요.

　이때 백천삼매와 평등일미는 이참과 사참을 아울러서 해야만 가능한 것입니다.

5. 참회수도(懺悔修道)의 결과(結果)

이같이 한즉, 저 솥 가운데 끓는 물을 냉하게 만들고자 하는 사람이 위에다가 냉수도 많이 붓고 밑에서 타는 불도 꺼버림과 같아서 아무리 백천 겁에 쌓이고 쌓인 죄업일지라도 곧 청정해지나니라.

또는, 공부인이 성심으로 참회 수도하여 적적 성성한 자성불을 깨쳐 마음의 자유를 얻고 보면, 천업(天業)을 임의로 하고 생사를 자유로 하여 취할 것도 없고 버릴 것도 없고 미워할 것도 없고 사랑할 것도 없어서, 삼계 육도(三界六途)가 평등 일미요, 동정 역순이 무비 삼매(無非三昧)라, 이러한 사람은 천만 죄고가 더운물에 얼음 녹듯하여 고도 고가 아니요, 죄도 죄가 아니며, 항상 자성의 혜광이 발하여 진대지가 이 도량이요, 진대지가 이 정토라 내 외 중간에 털끝만한 죄상(罪相)도 찾아볼 수 없나니, 이것이 이른바 불조의 참회요, 대승의 참회라 이 지경에 이르러야 가히 죄업을 마쳤다 하리라.

> o 나는 지금 어떤 방법의 참회를 하고, 어떤 결과를
>   누리고 있는가를 확인하고
> o 또한 다음 단계의 참회는 어떤 것을 해야 할 것인가를 계획하며
> o 부처님과 모든 성자는 어떻게 참회하여 어떤 결과를
>   누리시는가를 알아보고
> o 나도 반드시 불조의 참회가 되도록 까지 참회 수도할 것을
>   서원하시기 바랍니다.

(1) 죄업의 소멸

중생은 안으로 강한 소유욕을 지니고 삽니다. 평소에는 그 소유욕이 내면에 잠재되어 있다가 밖으로 그 소유욕을 충족시킬 수 있는 경계가 오면 마침내 발동합니다. 그리하여 그 소유욕에 불이 붙지요. 그래서 뜨거워집니다. 소유하고자 하는 탐욕심이 불타서 마침내 그것을 소유하게 되면 또 다른 방향으로 소유할 것을 정합니다.

그리고 어떤 계기로 그것을 소유하게 되면 또 다른 것을 소유하려고 해서 인간의 삶은 이렇게 소유의 역사입니다. 그리고는 그 소유한 것들을 지키는데 전심전력합니다. 내가 소유한 것을 누가 가져가는가, 소유한 것이 훼손되지는 않은가 등의 걱정을 하고 또 다른 사람의 소유물과 나의 소유물을 비교하며 자만심과 시기질투를 일으킵니다.

이처럼 끊임없이 소유하려 하고, 그 소유한 것을 지키고, 남과 비교하면서 자기의 탐욕심을 채우는데 혹 장애물이 생기면 화를 냅니다. 그래서 때로는 예의염치도 없이 그것을 쟁취하려 합니다. 그리고 밖으로 화를 내서 되지 않으면 가슴 깊이 원망심과 분노가 뭉쳐지지요. 그리하여 가슴앓이를 합니다. 그러다가 노여움을 촉발시키는 경계가 오면 불쑥 성질을 냅니다. 그리하여 평화를 깨고 의리와 인정을 상하게 되지요.

그런데 오랫동안 소유욕을 채우는 경험을 쌓아서 진심을 내어 효과적으로 탐욕심을 채울 수가 없을 때는 욕심이 있어도 없는 척하고 알아도 모르는 척, 몰라도 아는 척하는 등 거짓으로 꾸미는 마음을 만듭니다. 잔꾀를 부리는 것이지요. 이처럼 거짓으로 꾸미는 과정에서 많은 번뇌망상을 생산해 냅니다.

즉 진리를 연구하고 바른 행동을 하기 위한 연구가 아니라 소유욕을 충족시키려는 그릇된 연구를 거듭하는 것이지요. 이것을 치심이라고 합니다. 치심이 많으면 속마음은 그렇지 않으면서 겉으로 얼굴표정을 꾸미지요. 그리고 속마음은 욕심으로 차 있으면서 그렇지 않는 것처럼 말을 꾸며서 하지요.

그래서 이 세상에 그렇게 가짜가 판을 치는 것 같아요. 이 가짜도 결국 그 근원은 탐욕심에 근원하는 것입니다.

이러한 삼독심은 우선 먼저 나를 괴롭게 하고 그리고 또 세상을 괴롭게 합니다. 그래서 지금 남에게 직접 죄를 짓고 있지는 않더라도 탐·진·치를 지니고 있다면 그것은 죄악을 품고 사는 것과 같은 것이지요. 그리고 남을 향하여 그 탐·진·치가 활동을 하면 죄악을 직접 짓는 것이라 괴로운 벌을 받게 되는 것입니다.

안으로 불타는 탐·진·치의 죄심을 지니고 밖으로 지어놓은 벌을 받는 중생살이를 큰 가마솥에 펄펄 끓는 물 속에 사는 것으로 비교하셨습니다. 마음대로 일이 풀리지 않으면 속이 부글부글 끓어 오르지요. 남에게 벌을 받으면 전에 지어놓은 것은 생각지 않고 마음이 물결처럼 요동을 치지요. 그래서 언제나 중생살이는 바람 잘 날이 없고 풍랑이 그칠 날이 없습니다.

이러한 범부의 생활을 하다가 어찌 어찌하여 불문에 귀의하게 됩니다. 부처님의 가르침을 접하게 되는 것이지요. 그리하여 내가 지어서 받는 이치, 내가 습관들여서 나를 만들어 가는 이치 등에 대한 법문을 듣게 됩니다. 그리고 현생만 사는 것이 아니라 전생이 있었으며 또한 다음 생이 있다는 삼세 윤회에 대한 법문을 자주 듣게 됩니다. 그러다보면 깨닫지는 못해도 믿음이 확실하게 생겨서 사람을 상대할 때나 일상생활을 하는 중에 내생을 염두에 두고 행동하게 되지요. 그래서 내가 받을 과보에 대한 두려움도 생기게 되어서 점점 삶의 패턴이 현생 중심에서 영생 중심으로, 내 이익만 챙기는데서 남을 배려하는 마음으로 바뀌어갑니다. 그리하여 자연스럽게 내가 남에게 지어놓은 죄업도 생각하게 되고 나의 못된 마음과 몹쓸 습관을 고칠 생각도 하게 됩니다.

이런 정도로만 참회공부가 되어도 안으로 마음속에서 일어나는 자신의 죄심이 보여서 그 죄심을 소멸하려고 노력하게 되지요. 그래서 강한 원망심, 보복심, 시기 질투심, 강한 소유욕이 점점 엷어져갑니다. 그러면 무겁고 어두웠던 마음이 많이 녹아나서 가볍고 담박하여집니다. 이렇게 되면 밖으로 죄짓는 경계가 와서 혹 죄를 짓더라도 가볍게 짓게 됩니다.

전생에 지어서 마음속에 쌓아둔 업력 중에 인연에 대한 강한 애정력이 있습니다. 가령 전생에 그리워만 하고 사랑을 이루지 못하고 죽었는데 그런 사람을 금생에 만나게 되면 예의염치나 도덕성을 생각할 겨를도 없이 정신없이 사랑에 빠집니다. 설사 자기가 이미 결혼한 처지라도 개의치 않고 애정력의 끌림에 빠지지요.

그런데 이참과 사참공부를 하면서 철저한 믿음으로 사는 사람은 그 애정력의 강한 마음을 자제할 수 있는 약간의 힘이 있는 것입니다. 그래서 자신이 이미 결혼하였음을 생각하고 정의심, 도덕심과 싸우지요. 그러면서 업력인 그 애정력을 이겨냅니다.

또 전생에 저 사람에게 많은 손해를 보고 그것을 받지 못하여 억울한 마음이 뭉쳐 있는 사람은 금생에 그 사람을 만나면 그 사람의 하는 일이 옳은 일이라도 무조건 미운 마음이 나서 모함하고 방해하려는 마음이 불길처럼 솟아 앞뒤 안 가리고 전생의 손해를 갚고야 맙니다.

그런데 선정공부와 인과의 불공공부로 참회수도를 한 사람은 미워하는 마음, 보복하고자 하는 마음이 나오면 그것이 옳지 못한 마음임을 분별하여 그 마음을 녹이려고 애를 쓰고 설사 녹이지는 못하더라도 참아서 행동으로 옮기지는 않게 되지요.

이런 것이 모두 업력이 완전히 소멸되지는 않았으나 어느 정도 소멸되었다고 할 수 있는 것입니다. 이런 정도가 신심에 의한, 옛 생활을 버리고 새 생활을 시작한 초보의 참회수도 결과라고 할 수 있겠습니다.

⑵ 악한 정업(定業)을 선한 정업으로

누구든지 모든 생령들은 심신작용을 하면 그 작용의 결과로 업이 쌓입니다. 내가 저 사람에게 은혜를 베풀면 저 사람의 마음속에 나에 대한 은혜의 업이 쌓이게 되지요. 반대로 내가 저 사람에게 손해를 끼치면 그 사람에게 내가 해독의 업을 저장해 둔 것이지요. 이러한 업은 내가 지어서 상대의 마음에 저장해 놓은 것입니다.

이렇게 저장해 놓은 업은 어느 때든 나에게 표출되는 때가 있는데, 이때 업의 내용과 시기가 완전히 결정된 업을 정업(定業)이라고 부르고 업의 내용이 경미하여 그 시기가 확실치 않은 업을 부정업(不定業)이라고 합니다.

이러한 정업은 은혜의 정업일 수도 있고 해독의 정업일 수도 있겠지요. 그래서 우리는 은혜의 정업이 돌아오면 "재수가 좋다" "인덕이 있다" 또 "절처(絕處)에 봉생(封生)이라, 절망 속에서도 누군가가 돕는 사람이 있어서 살 수가 있다"고 하고, 또 해독의 정업이 돌아오면 "원수는 외나무다리에서 만난다"고 말합니다.

이러한 정해진 업은 미물곤충에서 일국의 대통령, 더 나아가서는 부처님까지도 그것을 거역하지 못하고 받을 수밖에 없는 것입니다. 왜냐하면 나에게 직접적으로 정업을 줄 수 있는 권한은 상대에게 있기 때문이지요. 그리고 그렇게 하도록 하는 우주의 이치가 배

후에 있기 때문입니다.

보통사람은 억울한 정업이 나에게 닥쳐오면 전생에 자신이 지은 것을 잊어버렸기 때문에 하늘을 원망하거나 그 상대에게 다시 원한심을 가지고 해를 끼치지요. 그래서 세세생생 서로 원수로 만나 한 생에는 받는 쪽이 되고 또 다음 생은 원한을 갚는 쪽이 되어 엎치락 뒤치락하게 되지요.

그런데 이참과 사참공부를 많이 한 사람은 현재 갑작스럽게 손해를 입게 된 것이 전생의 정업이 밀려왔음을 자각하고 달게 받고 상대를 미워하거나 손해보이는 일을 하지 않기 때문에 상극의 업이 쉬어지게 되는 것입니다.

나아가 이참과 사참공부를 더욱 많이 한 분은 금생에 억울한 일을 달게 받을 뿐만 아니라 오히려 그 사람을 이해하고 더욱 잘해 주어서 상극의 인연을 상생의 인연으로 전환시킵니다. 모든 성자나 불보살은 어떤 어려운 경우에도 반드시 상극을 상생으로 고쳐가는 달인이십니다. 우리가 존경하는 마하트마 간디는 자신을 권총으로 쏘아서 죽게 한 청년을 용서하도록 하였는데, 이것이야말로 원수를 은혜로 갚으려는 성자들의 심정입니다.

또 보통사람은 상대에게 손해를 당하여 생긴 악업심이 마음속에 숨어 있다가 때가 되어 그 사람을 만나면 그 사람에 대한 보복심이 우러나오는데, 이참과 사참공부를 많이 한 항마도인이나 부처님은 갚을 차례에도 보복심을 봄눈을 녹이듯이 녹여서 갚아야 할 자리에서 용서를 하여 주기 때문에 다음에는 그 사람으로부터 많은 복덕을 받게 됩니다. 이처럼 성자들은 인과 이치를 창의적으로 활용하시지요.

(3) 마음의 자유를

이 참회공부를 많이 하면 우주 진리의 두 가지 면을 완전히 터득하여 활용할 수 있는 대자유인이 됩니다.

참회공부를 많이 하면 자신의 마음에 깔아 있는 죄성이 공한 진리인 적적성성한 본래면목을 깨닫게 됩니다. 그래서 그 고요한 자성에 안주할 수가 있고, 그 자성으로부터 한량없이 우러나오는 지혜광명을 활용할 수가 있으며, 그 자성으로부터 발현되는 자비심을 시의 적절하게 사용할 수 있는 권능이 생기게 됩니다. 이것을 부처님의 능력인 해탈, 대각, 자비의 삼대력이라고 합니다.

그리고 우주의 이치이며 자성의 원리인 인과의 묘한 이치를 깨닫게 되어, 자신도 계속 진급할 뿐만 아니라 다른 사람을 상대하여도 그를 효과적으로 진급시키고 은혜롭게 할 수 있으며, 이 사회를 지도할 수 있는 방법과 원리를 아는 대감화력을 지니게 됩니다.

만나는 모든 것을 부처로 여기며 불공하는 사참과 어느 때 어느 곳에서도 죄성이 공한 자리를 잃지 않는 이참공부를 부지런히 하면 앞에서 말한 바와 같은 대자유인이 되며 성자가 되며 부처가 되는 것입니다. 이는 범부중생이 자기 죄업을 소멸시키려는 정성스러운 노력으로 결국에는 죄업을 임의로 하고 진리와 함께 하는 부처의 인격을 이루는 길인 것입니다.

자유란 무엇일까요? 곧 마음을 마음대로 할 수 있는 것을 말합니다. 마음이 죄가 없고 고요하고 분별할 수 없는 지극한 선에 머무를 수 있는 것이 자유입니다. 고와 낙은 서로 상대적인 것이며, 선과 악도 서로 상대되는 개념이요, 번뇌망상과 정심(正心)도 서로 상대적인 것인데, 이런 상대적인 것을 완전히 초월하여 절대 무자리에 안주하고 싶으면 그곳에 머물 수도 있고, 한 마음을 내서 남에게 가르침을 주려고 하면 능히 한 마음을 내서 선행을 할 수도 있는 것! 이것이 마음 거래를 자유자재할 수 있는 '마음의 자유'인 것입니다.

대산종사의 법어에 '자운산중(慈雲山中) 농아비구(聾啞比丘) 사래심현(事來心現) 사거심멸(事去心滅)'이라는 법문이 있는데, 곧 자운산에 귀먹고 벙어리인 스님이 경계가 오면 그 경계에 알맞게 마음을 내고 경계가 없으면 마음을 없게 한다는 말씀입니다. 범부는 경계가 없어도 마음으로 늘 잡념을 일으키고, 막상 경계를 맞이하여서는 자기의 잡념 때문에 경계에 적합한 생각을 일으키지 못하며, 경계가 지나갔어도 그 잔상(殘相)을 떨치지 못하므로 자기마음을 마음대로 사용하지 못하지요. 그래서 죄에서 죄로 고에서 고로 윤회하는 것입니다.

'눈 감으면 자성불에 합일하고(合眼自性佛), 눈 뜨면 만유불을 맞이한다(開眼萬有佛)'는 법문이 있습니다. 눈을 감으면 무심에 돌아가서 죄 없는 자리에 머물고 눈을 뜨면 상대에 알맞은 마음을 내서 불공을 올리니, 이렇게 한다면 복락이 풍족할 것입니다.

자동차 운전을 하는데 가장 중요한 것은 가고 멈추는 것을 자유롭게 하는 것입니다. 그렇지 못하면 사고를 내게 되지요. 마음의 자유는 취할 것은 취하고 버릴 것을 과감하게 버리는 것을 시의적절하게 작용할 수가 있어야 합니다.

사람들은 모두 가치 있는 일을 하고 싶어 합니다. 부처님의 마음자유는 가치 있는 일과 가치가 적은 일과 가치가 없는 일을 구분하여 가치 있는 일은 행동으로 실천하고 가치 없는 일은 놓을 줄을 알며 또한 아무리 가치가 있어도 때가 아니면 과감하게 버릴 줄을 아는 것이지요. 또는 능히 사랑할 줄도 알고 그 사람을 알맞게 지도할 줄도 알아서 무엇이든지 마음먹은 대로 할 수 있지요. 그러면 죄 지을 일이 없고 언제나 복을 지을 수밖에 없을 것입니다.

부처님은 복이 부족한 듯하면 능히 복을 불러올 수가 있고, 지혜가 부족한 듯하면 지혜를 불러 올 수도 있으며, 인연이 부족하면 인연을 만들어 쓸 줄도 알고 그 인연을 멈출 줄도 압니다. 밝을 자리에는 능히 밝을 수도 있고, 감춰야 할 처지이면 아는 것도 능히 감추어 어둡게 하여 능명능암(能明能暗)을 자유할 수도 있는 것이 자유인 것입니다.

세상 사람들이 부르짖는 인권의 자유, 남녀의 자유, 주거의 자유, 언론의 자유 등은 주로 외면적인 자유입니다. 그런 외면적인 자유는 결코 욕심과 번뇌로부터 자유로울 수가 없고 적을 사랑할 수 있는 마음의 자유도 없고 삼세에 지어놓은 업장으로부터도 자유로울 수가 없습니다. 참다운 자유는 우주의 원리를 깨달아서 그것을 자기화하여 활용할 때에 가능한 것입니다.

우리들 마음의 자유를 방해하는 요인이 몇 가지 있습니다.

첫째는 번뇌입니다. 이 번뇌가 죄악을 불러오고 나를 괴롭게 만들기 때문에 반드시 이 번뇌를 쓸어버릴 수 있어야 합니다. 번뇌망상을 녹여낼 수 있는 마음의 능력이 있어야 합니다. 그래야만 번뇌 죄업으로부터 자유로울 수 있습니다.

둘째는 우리들이 수많은 전생에 지어 놓은 업장입니다. 이 업장이 오는 것을 분별하여 녹일 수 있어야 자유로울 수 있습니다.

셋째는 우리들의 육체가 한량이 없는 욕심을 유발합니다. 그리하여 나로 하여금 괴롭게 만들고 또한 갖가지 죄를 유발하게 됩니다. 그러므로 이 육체적인 욕망을 승화시키고 가치있는 방향으로 길들여야 마음이 자유로울 수 있습니다.

넷째는 자기가 아는 것, 자기가 잘하는 것이 자기 마음에 남아서 고정관념이 되고 가치의 척도가 되어서 죄업을 짓게 되므로 이것으로부터 벗어날 수 있어야 크게 자유로울 수 있습니다.

(4) 천업(天業)을 임의(任意)로

천지자연은 천지의 공도라는 원리가 있어서 그 법칙에 의하여 운영이 되지요. 그 천지자연의 법칙은 인과보응의 법칙 또는 음양상승의 법칙이지요. 이것을 진리라고 하고 법신불이라고 하며 일원상 진리라고 합니다. 그런데 이 우주 안의 모든 것은 이 천지의 법칙을 벗어나서는 살 수가 없습니다. 무정물 유정물이 모두 그의 품안에서 그 법칙에 따라서 나고 살고 죽고를 거듭하는 것이지요. 그런데 범부중생은 천지의 법칙을 알지 못하고 그 법칙에 구속되면서 삽니다.

삼세의 수도인이 선정공부인 이참수도를 하고 불공공부인 사참수도를 함께 꾸준히 하면 마음의 자유가 생깁니다. 자유라는 무기는 참으로 수도인의 영생의 보배이며 불보살 성인들의 생명이지요. 이 자유가 없으면 성인의 전 재산이 날아가 버린 것과 같습니다. 그러므로 이 자유를 지키고 키우기 위하여 굉장한 투자를 하고 정성을 들이는 것입니다. 왜 이렇게 자유를 얻기 위하여 노력하는가 하면 천업(天業)을 임의(任意)로 하기 때문입니다.

천지가 운영하는 법칙이 인간의 행동을 규제한다고 하여 천업(天業)이라고 합니다. 천업 중에 가장 우리들을 자유롭지 못하게 하는 것은 음양의 욕구입니다. 음은 양을 향하게 하고 양은 음을 향하게 하는 법칙이 있는데 그 법칙이 좋기도 하고 한없이 우리를 구속하기도 합니다.

남자는 여자를 보면 전생에 특별한 인연이 아니라도 좋은 마음, 사랑하는 마음, 도와 주고 싶은 마음이 생깁니다. 그리고 여자도 남자를 보면 똑같이 좋아하는 마음, 사랑하는 마음, 도와 주고 의지하고 싶은 마음이 생기고 행동으로 옮기지요. 그래서 남녀가 결혼하여 가정을 이루고 사회를 구성하고 삽니다. 그런데 이런 남녀가 서로

끌리는 천업은 좋은 점도 있지만 나쁜 점도 있어서 윤리도덕을 문란하게 만들기도 하고 자기 자신의 인격을 타락시키기도 하며 서로를 지옥에 떨어지게 해서 한없는 죄업을 짓게 할 수도 있습니다.

그러므로 마음의 자유를 조금이라도 얻은 수도인은 이 남녀 욕을 극복하는데 온갖 정성을 들입니다. 그래서 남녀의 천업이 가진 좋은 점을 잘 이용하지요. 예를 들면 관세음보살은 남자들이 여자를 좋아하는 천업을 이용하여 아름다운 여자로 태어나서 제도사업을 하였다고 합니다. 또는 남녀 욕을 승화시켜서 고급스러운 성자의 자비심으로 변환시키기도 하는 등으로 천업을 마음대로 활용하는 것입니다.

또 다른 천업은 봄·여름·가을·겨울의 변화 순서를 정해 놓고 세상만물을 그 틀 속에 가두어서 봄·여름에는 성장하게 하고 가을·겨울에는 쇠퇴하게 하는 원리를 쓰며 우리 인간의 삶과 사회의 운영도 그 원리를 따라 성장과 쇠퇴를 반복하게 합니다.

마치 바닷물결이 승강의 리듬이 있고 산들이 오르고 내리는 굴곡이 있듯이 올라가면 내려오도록 하고 비어 있으면 채우도록 하여 적절한 균형을 유지하는 천업이 있습니다. 이 천업을 따라 범부는 흥망성쇠의 파도를 타며 올라가고 내려오는 운명에 살지만, 성자는 천업을 따르되 그것을 활용하여 언제나 성공을 계속하고 또 어쩔 수 없이 쇠퇴하게 되면 해탈의 심정으로 쉬면서 다음 흥성의 계기를 빨리 당기기도 하는 능력이 있는 것입니다.

(5) 생사(生死)를 자유로

사람에게 있어서 가장 중요한 것이 생명입니다. 아무리 귀중한 것이라 해도 생명하고는 바꾸지 않습니다. 이렇게 귀중한 생명이지만 때가 되면 죽음이라는 것이 찾아옵니다.

이러한 생 · 노 · 병 · 사(生老病死)는 천업이기도 하고 정업이기도 합니다. 태어난 것은 늙고 병들어 죽고, 죽은 것은 다시 태어나는 것이 우주의 섭리이며 누구도 거스릴 수 없는 법칙이자 천업이지요.

그런데 어떤 업을 지었느냐에 따라서 생명이 길어지기도 하고 짧아지기도 하며 편안하게 갈 수도 있고 고통 속에 갈 수도 있는데, 이것은 마음과 몸을 어떻게 사용했느냐에 따른 정업에 의한 것이지요. 그러므로 생사란 것은 천업을 바탕으로 하면서 정업에 의하여 결정되는 것이지요.

그런데 선정의 이참수도를 하고 불공의 사참수행을 많이 하면 마음의 자유를 얻어서 낳고 죽는 것을 자유롭게 할 수가 있습니다.

숙세에 많은 미물과 곤충 축생 등의 생령을 죽여서 그 생령들과 상극의 연을 많이 만들고 또한 마음 쓰는 것이 폭력적이고 조심성이 없는 마음을 가진 사람은 다병보(多病報)를 받아서 병고에서 시달리거나 또는 단명보(短命報)를 받아서 일찍 죽는 업보를 받게 됩니다. 그런데 마음 씀씀이가 여유 있고 순서를 잘 지키며 생령들을 살려 주고 앞길을 열어주는 행동을 많이 하면 무병장수를 하게 되지요. 이 경우처럼 특별히 공부를 하지 않아도 혹 그렇게 될 수는 있습니다.

그리고 이참공부로 죄성이 공한 극락출입을 자유로 하고 사참공부로 누구나 만나면 부처님처럼 섬기는 불공을 오래한 분이라면 자연히 무병장수의 복을 누리게 되지요. 그러나 부처님이나 큰 도인이라도 천업인 생로병사는 어쩔 수가 없어서 때가 되면 다 거두어 돌아가십니다. 그리고 공중사(公衆事) 즉 공중에 이익이 되는 일을 하다 보면 업보를 지을 수도 있지요. 그래서 정업이 올 수도 있습니다. 이런 정업은 부처님이라도 어쩔 수없이 받을 수밖에 없습니다. 그러므로 불보살도 천업과 정업을 받으십니다.

다만 범부들은 죽음을 맞이할 때 내생이 있는지도 모르고 재산 걱정, 헤어짐의 슬픔, 하고 싶은 일에 대한 미련, 육체적 병고에 대한 고통으로 신음하다가 어쩔 수 없이 죽으므로 천업과 정업의 결과에 따라서 자유롭지 못하게 가는 것이라면, 불보살 성현들은 죽음이 올 것을 예비하고 미련과 애착 섭섭함 등의 모든 번뇌망상을 제거하고, 생사가 없고 죄성이 공한 극락에 안주하므로 편안하고 걸림이 없는 마음으로 열반을 합니다. 마치 이웃집을 가듯이 옷을 갈아입듯이 합니다. 육신이란 영혼이 사는 집이며 옷일 뿐, 그 집과 옷이 낡아서 갈아입는 것이기 때문에 새 옷을 입기 위하여 헌옷을 벗어버리는 것이지요.

양산법사님께서 평소 말씀하시기를 어머님의 종재나 모시고 갔으면 좋겠다고 하셨다는데 실제로 어머님이 열반하신 뒤 종재를 모시고 나서 고요히 녹음으로 독경소리를 들으시면서 잠자듯이 가셨습니다. 이것이 생사거래에 자유인 것이지요. 중국의 어느 스님은 사람들이 누워서 죽으니 나는 앉아서 죽는다고 하여 꼿꼿이 앉아서 가셨다고 하며, 그 외에도 서서 가신 분도 있고 어떤 분은 물구나무를 서서 열반하신 분도 있다고 합니다. 물론 죽음을 맞이하여 특이하게 가는 경우도 있겠지만 참으로 자유로운 분은 자연스럽게 생사를 거래하는 것이 바람직하기도 하지요.

성자에 따라서 그때 일의 상황에 따라서 죽음을 좀 앞당겨 갈 수도 있고 죽음을 좀 미룰 수도 있습니다. 그러나 이런 일은 상도(常道)는 아니며 어쩔 수 없을 때는 그렇게 자유롭게 할 수 있는 능력이 계신다는 뜻입니다.

대종사님의 주문 가운데 내생준비를 당부하는 주문이 있습니다. 바로 성주(聖呪) 법문이지요.

'영천영지영보장생(永天永地永保長生)'이라, 하늘과 땅이 영원하듯이 우리들 영혼 또한 영원한 것이지요. 우리들의 영혼은 이 세상에 하나밖에 없는 단독자입니다. 그 영혼이 사람 몸을 받으면 사람이고 황인종의 부모를 만나면 황인종이고 흑인들의 부모를 만나면 흑인의 몸을 받습니다. 그리고 잘못하면 축생의 몸을 받아서 축생이 되기도 하고 또한 몸을 받지 못하고 귀신으로 떠도는 영혼도 있지요. 이렇게 비록 윤회를 하지만 나의 영혼은 영원한 것입니다. 그러므로 중요한 것은 나의 영혼이 윤회에 얽매이지 않고 내 뜻대로 사람이 되기도 하고 이곳으로 가고 싶으면 가고 오고 싶으면 올 수 있는 자유로운 영혼이 되는 것이 중요하지요.

윤회하는 영혼이 아니라 자유로운 영혼이 되려면 어떻게 해야 하는가? '만세멸도상독로(萬歲滅度常獨露)'하라! 윤회하는 영혼이 아니라 생사를 자유하는 영혼이 되려면 영원토록 언제나 어느 곳에서나 욕심을 제거하고 사심 잡념을 제거하여 항상 자성불이 홀로 드러나는 공부를 해야 한다는 것입니다. 우리는 내 마음을 살펴보면 남을 원망하거나 즐거움에 취하여 있거나 근심걱정에 쌓여 있거나 하여 오욕의 흑운에 덮여 있는데 그것을 다 털어내서 항상 죄성이 공한 자성불이 홀로 드러나도록 해야만 자유하는 영혼된다는 것이지요.

'거래각도무궁화(去來覺道無窮花)'라, 사람이 마음도 서로 주
고받고 물건도 서로 주고받는 것을 거래한다고 합니다. 범부는 거래
할 때에 나만 이롭고 저 사람은 손해가 되는 거래를 하거나 받고 갚
지 않는 외상 거래를 하려고 합니다. 그러나 우리 공부인은 거래하
는 진리인 인과보응의 이치를 깨달아 항상 불공으로 거래해서 그 사
람과 나와의 관계가 곧 시들어 버릴 나팔꽃 같은 거래를 할 것이 아
니라 영원히 시들지 않고 상생의 관계를 맺는 무궁화 꽃이 되도록 하
여 복락이 풍족한 생사거래가 되도록 해야 할 것입니다.

그러면 '보보일체대성경(步步一切大聖經)'이라, 언제나 자성불
이 내 마음에 홀로 드러나게 하고 남과 거래할 때는 상생의 거래를
하여 시들지 않는 무궁화꽃이 피도록 한다면 지혜가 족족하고 복록
이 족족하여 걸음걸음마다 대 성인의 발자취가 될 것입니다.

이 법문도 요약하자면 죄성이 공한 자성불을 깨달아서 언제나
그 자리를 지키는 이참공부를 하고 사람들과 관계를 맺을 때는 항상
불공을 올려서 거래할 때에 시들지 않고 영원 상생의 관계를 맺는 사
참공부를 하면 생사에 자유한다는 뜻으로 생각됩니다.

⑹ 중생 제도의 능력

　'선병자의(先病者醫)'라는 말씀이 있습니다. 처음 우리가 수도에 발심할 때는 죄업의 고통과 마음속의 욕심번뇌로 괴로워서 자기의 악업병을 고치고자 신심을 내고 공부심 일으키어 이참 사참으로 참회 수도하여 자기의 병을 치료하는데, 그 치료했던 경험이 의술이 되어서 남들도 치료할 수 있는 명의가 된다는 말이지요. 그러므로 우리도 진정으로 죄악의 수렁을 벗어나기 위해서 죄악의 두려움을 자각하고 실답게 사참공부와 이참수도를 하여 대 성자가 되도록 하여야 합니다.

　우리는 누구나 죄인입니다. 더하느냐 덜하느냐의 차이일 뿐 모두다 악도윤회를 하는 죄인인 것입니다. 그렇게 살다가 어느 계기에 이 죄인임을 통렬하게 자각하고 이 교법에 입문하여 진정으로 사참, 이참공부를 하게 되는데, 이때에 내가 지금 죄악의 길로 가는가 아니면 자유의 길로 가는가를 언제나 살피는 것이 중요합니다.

　대산 종사님의 법문 가운데 매우 인상 깊은 법문이 있어서 표준을 삼았던 것이 있습니다. '마음병 환자, 마음병 의사' 이 두 구절이 병렬로 된 법문이었지요. 나는 지금 마음이 죄심으로 쌓여 있는 환자냐, 마음을 잘 다스려서 남의 마음을 치료할 수 있는 의사냐? 하는 뜻으로 생각되어서 지금도 이 법문에 대조합니다.

자기의 마음병만 진정으로 치료하면 그 치료한 방법으로(설사 완전히 치료를 못하였다 하더라도) 다른 마음병 환자를 치료할 수가 있는 것입니다. 이러한 과정을 오래도록 거치다 보면 마음병의 구조와 치료방법을 확실히 알게 되어서 그대로 적용하면 작은 성자로부터 점점 큰 성자로 되어 가는 것입니다. 그리하여 궁극에는 마음의 자유를 얻게 되고, 마음의 힘이 생겨서 자신의 번뇌와 원망심 증오심 애착심 등의 죄심을 자성의 광명으로 비추어서 녹여낼 수 있는 능력이 생기며, 밖으로 모든 중생들의 괴롭고 어두운 마음을 밝혀 줄 수 있는 지혜력이 생겨서 교법을 제정할 수도 있고, 그들의 괴로움을 벗어나게 하는 길을 가르쳐서 처방할 수도 있으며, 어지러운 사회를 평화로운 사회로 변화시킬 수 있는 경륜도 생깁니다.

그분들은 자기 자신이 죄성(罪性)이 공한 마음에 자유로이 출입하고 본래 마음에 안주하는 극락 생활을 하시기 때문에 불안에 허덕이고 들떠서 윤회하는 중생에게 안정을 줄 수가 있고 평화로움을 베풀 수 있는 법력이 생깁니다. 즉 자성의 덕성을 가슴에 지녔기 때문에 훈훈한 자비심이 발현되어서 자신도 덕화의 주인공이 되기도 하지만 생령들의 가난한 마음 괴로운 마음을 어루만져 주고 위로해 주는 능력도 생기는 것이지요. 그분의 자비심은 중생의 가슴에 심어져서 그분을 생각하고 믿으면 안정을 얻고 위로를 받으며 두려움이 없어지는 등 한량이 없는 능력이 용출하는 것입니다.

　부처님이나 성자들은 모든 사물이나 생령을 대할 때 부모의 심정이 되어서 덕으로 감싸고 호렴하여 진급시키고 죄업을 소멸시켜 주는 능력이 있습니다.

　마음의 자유를 얻은 불보살들은 언제 어느 곳에서나 동정일여(動靜一如)의 삼매 속에서 생활하며, 밉고 예쁘고 하는 세속적인 것으로부터 완전히 초월하여 숙세의 업보가 오더라도 괴롭게 받는 것이 아니라 감사하는 마음으로 받아서 모두가 다 은혜가 되도록 하는 큰 능력이 있으십니다. 또한 온 생령을 나의 권속으로 여기고 온 세상을 나의 집으로 여기시어 천지의 참다운 주인이 되시고, 진리로부터 부여받은 천권(天權)을 부려쓰는 불가사의한 능력을 지니십니다.

　이러한 성자들의 거룩한 능력도 처음에는 참회수도를 실답게 하여 자신의 죄업을 녹임으로부터 출발하여서 나아가 다른 사람까지도 죄악의 굴레에서 벗어나도록 하는 대권능까지 갖게 되신 것입니다.

후 기

이 책 「죄업으로부터의 자유(참회문)」는 필자가 서울교구에 봉
직하고 있을 때, 교도님에게 어떻게 하면 죄업으로부터 자유로운 삶
을 가꿔갈 수 있을것인가 또는 참수도인이 될 수 있을 것인가 하는
화두를 가지고 화요공부방에서 강의한 내용을 요약 정리한 것입니
다.

사람의 일생을 회고할 때에 누구나 즐겁고 보람찬 추억이 있는
데, 나에게는 3년에 걸쳐서 봄·가을로 화요공부방을 개설하여 강
의하였던 것이 매우 감격적인 일이었습니다.

많은 교무님 교도님들이 진지하고 열성적으로 참여하여 주셔서 "얼씨구 좋다"하는 추임새로 느끼고 나 또한 예상했던 것보다 강의를 잘할 수 있었습니다.

그 때에 일원상서원문, 금강경, 반야심경, 목우십도송, 수심결, 참회문을 강의하였는데, 이번 참회문을 활자화 한 것으로 끝을 맺습니다.

글과 말이 실천보다 앞서는 것이 늘 두렵고 부처님 전에 송구한 마음이 많습니다. 책 한권을 내는 것은 실다운 실천을 촉진하는 뜻으로 여기며 또한 미완성임을 더욱 자각하여 원만한 완성을 촉진하는 경책으로 생각합니다. 그리고 나와 모든 중생들이 죄업으로부터 해방되어 죄악이 없는 부처님 세계에 소요하는 자유인이 되기를 거듭 발원합니다.

부디 삼세의 부처님 조사님들께서 이끌어 주시고 부촉하여 성불제중의 대원을 이루도록 이끌어주시기를 심축합니다. 책이 출판되도록 도와주신 분들께 깊이 감사 올립니다.

저자 합장

罪業으로부터의 自由

원기90(2005)년 4월 28일 초판 1쇄 발행
원기92(2007)년 1월 25일 초판 2쇄 발행

지은이/ 경산 장응철
펴낸이/김영식
펴낸곳/도서출판 동남풍

출판등록일 1991. 5. 18. 제66호
(우)570-754 익산시 신용동 344-2
전화 (063)854-0784 Fax. (063)852-0784
값 10,000원

잘못된 책은 바꿔 드립니다.
인지는 저자와의 협의하에 생략합니다.